KB031618

힙합
청소년 정치학

힙합 청소년 정치학

1쇄 펴낸 날 2019년 11월 8일
3쇄 펴낸 날 2022년 11월 12일

지은이 강제명
그린이 이창우

펴낸이 최금옥
편 집 김지선 최명지
디자인 남철우

펴낸곳 이론과실천
등록 제10-1291호
(07207) 서울시 영등포구 양평로21가길 19 512호(우림라이온스밸리B동)
전화 02-714-9800 | 팩스 02-702-6655

ISBN 978-89-313-6072-1(43340)

* 이 도서는 한국출판문화산업진흥원의 '2019년 우수출판콘텐츠 제작 지원' 사업 선정작입니다.
* 이 책의 일부 또는 전부를 사용하려면 반드시 저작권자와 이론과실천 양측의 동의를 모두 얻어야 합니다.
* 이 도서의 국립중앙도서관 출판예정도서목록(CIP)은 서지정보유통지원시스템 홈페이지(http://seoji.nl.go.kr)와 국가자료공동목록시스템(http://www.nl.go.kr/kolisnet)에서 이용하실 수 있습니다.(CIP제어번호: CIP2019042290)

* 값 14,000원
* 잘못된 책은 바꾸어 드립니다.

힙합 청소년 정치학

강제명 글 이창우 그림

이론과실천

작가의 말

안녕하세요.

글을 통해서 여러분과 만나게 될 저는 두 딸의 아빠랍니다. 큰딸은 고등학생이고 이름은 '산아'이고요, 작은딸은 중학생이고 이름은 '채원'이에요.

이 책은 큰딸인 산아와 함께 정치 이야기를 나누다 시작되었어요. 우리나라 시민들은 대부분 정치를 싫어하잖아요? 음, 산아의 표현을 빌리자면 "정치, 극혐이야!"라고 할 수 있겠네요.

그런데 몇 년 전 촛불시위가 벌어지고 이전 대통령에 대한 탄핵 결정 과정에서, 어느 날 산아가 물어봤어요. 대체 정치가 무엇이냐고. '거리의 정치' 혹은 '광장민주주의'라는 말을 어디서 들었나 봐요. 시민들이 촛불을 들고 광장에 나가는 것도 정치 행위 중 하나잖아요? 자신이 혐오했던 정치와는 뭔가 다르게 다가왔나 봅니다.

그래서 정치란 무엇이고, 민주주의가 무엇인지에 대해 이야기하기 시작했어요. 그 와중에 2022년도 대입 제도에 대해 공론조사를 통해서 일반 시민의 의견을 수렴하고, 이를 제도 개선에 반영한다는 이야기가 뉴스에 나왔지요.

산아는 "우리나라는 민주주의를 시행하는데, 왜 당사자인 학생들의 의견은 듣지도 않냐?"고 물었어요. 아빠인 저는 녀석의 질문이 대견하게 느껴졌어요. 정치학을 전공하고, 정치학을 강의하는 사람으로서 함께 나누고 싶은 이야기가 많았거든요.

다른 청소년들도 산아처럼 궁금한 이야기가 많을 것 같아요. 그래서 보다 많은 친구와 책을 통해 만나고, 정치를 주제로 툭 터놓고 이야기를 나누고 싶었어요.

아 참, 글을 쓸 때 유행어나 비속어를 쓰면 안 되는데, 이 책을 쓸 때는 무심코 튀어나오곤 했어요. 편하게 다가가고 싶은 마음 때문이니 양해해 주길 바랍니다.

이 책에는 때로 무겁고 어려운 이야기가 나올 수밖에 없어요. 정치학은 권력에 대한 비판을 핵심으로 하기 때문이지요. 그래도 여러분이 지닌 정치적 상상력을 최대한 동원해서 읽어 본다면, 때로는 재미있고 때로는 신랄하고 때로는 통쾌하게 다가갈 거예요.

민주주의 사회에 살아가는 청소년 시민이자 대한민국을 새롭게 만들어 갈 여러분이 꿈꾸는 사회는 과연 무엇인가요? 이 책이 그런 생각을 할 때 도움이 된다면 정말 좋겠어요.

2019년 10월

강제명

차 례

제2장 옳은 정치의 기준: 정의, 자유, 평등

제3장 자유주의와 민주주의

1. 사회계약론

2. 자유주의

3. 민주주의

치고받고 싸워 대는 동물 국회

협치네 타협이네 하면서 맘에 안 들면 식물 국회

온갖 비리 회 쳐 먹고, 자기네만 지키는 방탄 국회

설마 이런 게 정치?

라면, 정치라면, 우리나라 정치라면,

불다 못해 죽 된 라면

참다못해 죽겠다면

답답해서 죽겠다면

아, 이런 국회 극혐

아, 이런 정치 hate

제1장

정치와 권력이 도대체 뭐길래?

1. 정치, 정치가 대체 뭐길래?

정치? 그게 뭔데?

산아야! 정치라는 단어는 자주 듣는 말이야. 많은 사람이 귀를 닫고 눈을 가려서 그렇지, 날마다 뉴스에서 신문에서 정치 이야기를 듣고 볼 수밖에 없잖아.

우리나라 사람들은 대개 정치를 싫어한다고 말해. 촛불시위 이후에 사람들이 생각하는 정치의 이미지가 많이 바뀌긴 했지만, 정치라는 단어를 떠올리면 여의도 국회의사당에서 자주 목격할 수 있는 싸움과 다툼이 먼저 생각나서일 거야. 하지만 정치는 정당이나 국회의사당 내에서 이루어지는 '진흙탕 싸움'이나 '이권 다툼' 같은 게 전부는 아니야.

그러면 현실의 정치 말고, '정치'의 원래 의미는 무엇일까?

어원으로 보면, 정치politics라는 단어는 폴리스polis에서 나온 말이야. 폴리스는 고대 그리스에서 도시라는 뜻으로 쓰였어. 그 당시 도시는 국가이기도 했지. 사전적 의미로 본다면, 정치는 도시(국가)의 문제를 해결하는 일이 되는 거야.

서양 사람들은 아리스토텔레스의 말을 빌려서 '인간은 정치적 동물'이라고 여겨 왔어. 단순히 말해서, 사람 사는 세상이라면 그것이 산아의 학교생활이든, 아빠의 회사 생활이든, 모두 정치와 연관될 수밖에 없다는 거지.

사람들의 일상생활이 정치와 다 연관된다고? 대체 왜 그럴까?

일단 사람은 혼자 살 수는 없어. 먹고사는 데 필요한 것들을 혼자서 모두 마련할 수 없잖아? 혼자 모든 문제를 해결하는 것보다는 역할을 분담하는 것이 훨씬 효율적이기도 하고 말이야.

그런데 문제는 사람들의 생각과 원하는 게 다 달라서 갈등과 싸움이 생길 수밖에 없다는 데 있어. 사람들은 생김새만 다른 게 아니야. 장래 희망이 다르고, 좋아하는 영화나 노래, 혹은 좋아하는 아이돌도 다르지. 하는 일에 따라 이해관계도 다 다르단다.

현대 사회는 다양한 종교와 가치관이 공존하고, 직업도 다양해졌어. 공동체적 연대감 같은 게 사라진 현대 사회의 이런 면을 일컬어 다원 사회라 부른단다. 다원 사회에서는 그만큼 갈등도 커지겠지? 이런 상상을 해볼까?

조선 시대 말, 사람들이 살기 너무 힘들던 시대를 떠올려 봐. 당시에는 탐관오리나 양반의 폭정을 피해 꽤 많은 사람이 고향을 버리고 산으로 숨어들었어. 화전민들 이야기 들어봤지? 숲을 태워서 밭을 만들어 농사지으며 살던 사람들 말이야.

그런 시대에 길동이가 살았어. 길동이는 고향에서 너무 살기 힘들어 지리산 골짜기로 도망쳤어. 그곳에서 힘들게 땅을 일구고 농사를 짓기 시작했지. 몇 년 후에 철수도 산속에 들어와 길동이가 농사짓는 땅 위쪽을 개간해서 농사를 짓기 시작했지.

그런데 문제가 발생했어. 가뭄이 극심한 어느 해에, 철수가 계곡물을 가두고 자기 논밭에만 물을 대기 시작한 거야. 이것 때문에 길동이와 철수 사이에 싸움이 시작되었어. 요즘으로 친다면, 아파트 윗집과 아랫집 사이에 소음 문제로 싸우는 것과 비슷하지. 어쨌든 둘은 물을 대는 문제를 원님에게 해결해 달라고 했지.

10여 년이 지난 어느 날 갑돌이가 나타났어. 땅문서를 보여 주면서 자기 땅이니까, 두 사람 모두 자기 땅에서 나가라는 거야. 길동이와 철수는 억울했어. 10여 년 동안 황무지를 일구어 옥토로 만들어 놓으니까 땅 주인이 나타나서 꺼지라는 거지. 그래서 길동이와 철수는 원님을 다시 찾아가기로 했어. 억울한 사정을 해결해 달라고 말이야.

이때 원님(국가 혹은 정부)이 해야 할 일은 무엇일까? 바로 사람들 사이에 생길 수밖에 없는 갈등을 풀어 주는 거지. 이렇듯 갈등을 조정하는 일을 영어로는 '가번govern'이라고 표현한단다.

아! 그러고 보니, '정부govern-ment'의 의미는 '지배한다rule'는 뜻이 아니라 '조정하는governing 행위'인 걸까? 이런 게 정치의 본래 의미가 아닐까?

여기서 잠깐  Dig Dig

동양에서는 정치政治를 어떤 의미로 사용했을까?

정치를 이야기할 때 서양에서 아리스토텔레스의 말을 자주 인용한다면, 동양에서는 공자나 한비자의 이야기를 많이 인용한단다.

한자로 풀이해 보면, 정치(政治)에서 '정(政)'은 '바를 정(正)'과 '등글월 문/칠 복(攵=攴)'이 합쳐진 단어야. '정(正)'은 '바르다'는 뜻이고, '문/복(攵)'은 '회초리로 치다' 혹은 '일을 하다'는 뜻이지. 해석하자면, 바른 일을 하는 것 혹은 바른 일을 위해 회초리로 치며 다스리는 일이 정치인 거야.

'치(治)'는 '물(氵= 水, 수)'과 '건축물(台, 태)'이 합쳐진 글자야. 중국 사람들에게 황허강의 범람은 항상 골칫덩어리였고, 강의 범람을 다스리는 것이 왕이 해야 할 가장 중요한 일이었어. 동양에서는 정치를 '정사(政事)' 혹은 '국사(國事)'라고 불렀는데, 국가의 중요한 문제를 해결하는 일(다스리는 것)이라는 뜻으로 쓰였지.

고대 중국에서 정(政)은 '정벌하다'는 뜻으로도 쓰였단다. '바르다(正)'는 뜻보다는 '치다(攴)'는 뜻이 강조된 거지. 음, 그러니까 지방의 민란이나 제후들의 반란, 주변 오랑캐를 정벌하는 일도 정치로 본 거야.

반면, 공자는 『논어』에서 "정자, 정야(政者, 正也)"라고 말했어. '정치란 바르게 하는 것'이라고 생각한 거야. '정(政)'을 힘으로 다스리는 일로 보지 않고, 잘못된 것을 바로잡아 국가와 사회의 큰 문제를 해결하고 옳은 결과를 가져오기 위한 행동으로 본 거야.

갈등이 있는 곳에 정치가 있어

사람들은 저마다 생각하는 거나 원하는 게 다 달라서 갈등과 싸움이 생길 수밖에 없다고 했지? 이 갈등은 한정된 자원 때문에 커질 수밖에 없어.

아빠가 산아와 채원이가 모두 좋아하는 조각 케이크를 딱 하나만 사 왔다고 해볼까? 산아와 채원이는 서로 더 많이 차지하려고 다투겠지. 마찬가지로 어떤 사회가 가진 자원은 한정되어 있기 때문에 그 한정된 자원을 누가 차지할지를 두고 다툼이 생길 수밖에 없어.

이런 맥락에서 데이비드 이스턴David Easton은 정치를 '희소한 가치*의 권위적 배분'이라고 정의했어. 또 해롤드 라스웰Harold Lasswell은 정치의 본질을 '누가 무엇을 얻는가? who gets what?'라고 규정하기도 했지.

물론, 이해관계가 충돌될 때만 정치라는 녀석이 '짜잔' 하고 나타나는 것은 아니야. '양심적 병역 거부를 인정할지', '낙태를 법적으로 허용할지'처럼 서로 다른 가치관 때문에 발생하는 갈등을 조정할 때도 정치가 우리 생활 속으로 들어오게 되지.

*가치value란? 가치란 '좋아하는 것이나 싫어하는 것(good or bad, 선호)', '옳다고 여기는 것이나 잘못되었다고 여기는 것(right or wrong)'과 같은 감정이나 신념과 관련이 있단다.
우리는 흔히 이런 말을 하지.
"내가 가치 있다고 생각하는 것은~"
"이 물건은 얼마만큼의 가치가 있을까?"
첫 번째 표현에서 '가치'란 사람들이 '바람직하다고 의미를 부여한 것'을 뜻해. 두 번째 표현에서 '가치'는 '돈으로 계산하면 얼마 정도일까?'의 뜻도 있고, '중요도'의 뜻도 있어.
'이익이 되는 것', '좋아하는 것', '중요하다고 생각하는 것', '옳다고 생각하는 것' 모두 가치라는 말에 담긴 뜻이야.

모두가 만족하는 결정은 가능할까?

우리 사회에서도 갈등은 끊이지 않아. 예를 들어볼까?

'쓰레기소각장이나 공중화장장 입지 결정 문제'를 둘러싼 지역 간의 갈등은 물론이고, '최저임금을 인상할지 말지'를 둘러싸고 계급·계층 간의 갈등이 정치적 쟁점이 되기도 하지. '미투me-too 운동'이나 미세먼지와 관련된 환경 규제를 둘러싼 갈등도 있고, 대북정책이나 한일관계 같은 사안도 정치적 쟁점이 되고 있어.

다만, 친구 사이의 사소한 싸움과 같은 사적인 문제까지 정치가 다루어야 할 쟁점이 되는 건 아니야. 갈등이 '개인적인 문제'를 넘어서 '사회적·공적인 문제' 혹은 '공동의 관심사'로 전환되면 정치적 쟁점이 되는 거지.

예를 들어볼까? 2018년과 2019년에 걸쳐 소위 '한유총(한국유치원총연합회)' 사태가 벌어졌지. 그 당시 사립유치원 운영 과정에서 많은 문제점과 비리가 발견되었어. 국가가 주는 지원금을 유치원 원장이 유치원 운영과 교육 분야에 사용하지 않고 사적 용도로 사용한 거야. 이렇게 부당한 사용을 제재하기 위해, 정부는 학교에서 사용하는 회계시스템을 유치원에서도 사용하도록 제도를 고치려고 했지. 그랬더니 한유총은 사립유치원은 사유재산이기 때문에 '정치적 결정의 대상이 아니고 국가가 개입해서는 안 된다.'라고 주장했어. 한마디로 자신들이 알아서 할 사적인 문제이지 공적인 문제가 아니라는 거야. 반면 많은 학부모는 유치원 문제는 '공적인 문제'이기 때문에 정치적으로 조

정해야 한다고 주장했지.

이런 식으로 어떤 갈등이 정치적 쟁점이 되면 여러 과정을 통해 정치적인 결정(공적인 결정)을 내리게 돼. 그런데 정치적으로 내려진 결정은 모든 시민에게 크든 작든 영향을 미친단다. 이 말은 누구에게는 이익을, 다른 누구에게는 손해를 준다는 뜻이야.

환경오염 문제에 대한 두 사람의 대화를 통해 이 부분을 자세히 살펴볼까?

길 동 환경오염은 현재 우리 사회에서 중요한 문제야. 정부가 적극적으로 나서서 규제해야 해. 그래서 우리나라는 2010년을 전후로 많은 시내버스를 액화천연가스CNG 차량으로 교체해 왔어. 서울시만 하더라도 유해가스를 많이 뿜어내는 경유버스를 천연가스 차량으로 교체할 경우 2천여 만 원을 보조해 주었지. 최근에는 노후 경유차를 폐차하거나 전기차를 구입하면 보조금을 주기도 했어.

철 수 환경 문제에 대해 정부가 적극 나서는 일은 필요해. 그런데 우리나라 정부 정책에는 문제가 있어. 오염물질을 배출하는 사람에게 환경오염유발 부담금이나 벌금을 부과해야지, 왜 시민들이 낸 세금으로 비싼 차량을 구입하라고 보조금을 지급하는지 이해가 안 돼. 쉽게 말하면 공해를 일으킨 원인 제공자, 즉 버스 회사가 비용을 부담해야지 피해자인 시민이 그 비용을 부담하는 건 공정하지 않아.

길 동 환경 문제도 중요하지만, 경제도 중요하잖아? 정부의 규제가 강화되면 기업 활동에 비용이 커질 수 있어. 특히 노후 경유차에 부담금을 높게 부과하는 경우 소상인에게 지나친 부담이 되잖아.

철 수 이 문제는 전기요금 부과 문제와도 비슷해. 최근 여름철이면 뉴스에서 다루는 '전기세 폭탄 문제' 있지? 전기요금 정책에 문제가 있는 거야. 우리나라는 경제 활성화를 위해 산업 및 상업용 전기 사용료를 낮게 책정하고 가정용 전기 사용료를 높게 책정해 왔어. 어떻게 보면 각 가정에서 기업 대신 전기요금을 내주는 셈이지. 사용한 만큼, 비용을 유발한 자가 그 비용을 부담하는 게 원칙에 맞지 않아?

미세먼지가 최근 한국 사회에서 중요한 이슈가 되고 있지? 그 원인의 하나로 지목된 노후 경유차를 폐차하는 경우 정부가 보조금을 지급하는 정책을 몇 년 전부터 시행해 왔어. 그런데 오염물질을 유발하는 차를 운행한 사람이 비용을 부담하지 않고, 시민이 낸 세금으로 오염물질을 유발하는 사람에게 보조금을 지급하는 일은 '피해를 받은 사람의 비용으로 피해를 준 사람에게 보상하는 것'이잖아.

이렇듯 우리 사회의 정책 중에서 5천만 명 모두에게 이익을 주거나 모두가 똑같이 비용을 부담하는 그런 정책은 없단다. 그래서 정치를 '희소한 가치를 권위적으로 배분하는 것' 또는 '누가 무엇을 얻느냐?'의 문제라고 정의하는 것 같아.

아무튼 어떤 공적인 결정이 내려졌다고 치자. 그러면 이 결정으로 인해 이익을 얻는 사람뿐 아니라 손해를 보는 사람도 생길 거야. 그런데 손해를 보는 사람은 이 결정을 받아들일까? 이 결정을 수용한다면 왜 그럴까? 시민이 뽑은 대표자가 결정했기 때문에? 아니면 법정에서 판사가 '땅땅땅~' 하고 판결했기 때문에?

'권력'과 '권위'라는 개념을 통해 그 해답을 찾아보자.

2. 권력, 권력이 대체 뭐길래?

대한민국의 권력은 국민으로부터 나온다?

우리나라의 헌법 제1조는 '대한민국은 민주공화국이다. 대한민국의 주권은 국민에게 있고, 모든 권력은 국민으로부터 나온다.'고 천명하고 있어. 한마디로 우리나라는 민주주의를 지향한다고 선언한 거지.

그러면 민주주의는 무엇일까? 민주주의Democracy(民主主義)란 말 그대로 국가의 최고 권력인 주권이 국민demos, people에게 있는 정치체제를 뜻해.

여기서는 우리나라 헌법에도 나와 있는 중요한 말인 '권력'의 의미를 살펴볼 거야. 그래야 나중에 살펴볼 민주주의의 의미를 정확히 이해할 수 있거든.

먼저, 지금까지 이야기한 내용을 정리해 볼까? 정치란 다원 사회에서 발생할 수밖에 없는 가치 배분을 둘러싼 갈등을 공적인 결정을 통해 조정하고 통합하는 과정이라고 할 수 있어. 다원화된 현대 사회에서 갈등은 불가피하다고 했지? 정부의 결정(정책)은 누군가에게는 이익이 되지만 누군가에게는 손해가 될 수밖에 없다고도 했고. 그런데

손해를 보는 개인 혹은 집단은 과연 이 결정을 받아들이려고 할까?

막스 베버Max Weber라는 아저씨가 있었어. 이 아저씨는 '인간은 평등한 존재'라고 믿는 근대 사회에서 왜 사람들이 따로 통치자를 두고, 그 지배를 받아들이는지 무척 궁금했나 봐. 이 아저씨는 '권력의 정당성'에 주목했어. 권력이 정당하다면 공적인 결정을 수용할 수 있다는 거야. 그런데 권력의 정당성, 그게 뭘까?

권력? 그게 뭔데?

권력power의 뜻을 이해하기 위해 이런 상상을 해볼까?

같은 학교를 다니는 길동이와 철수가 있는데, 두 친구는 서로 다른 동

네에 살고 있어.

학교 수업이 끝난 어느 날, 길동이가 혼자 가기 싫었나 봐. 철수에게 같이 가자고 하는 거야. 철수는 한참 돌아가야 하기 때문에 싫다고 했어. 그랬더니 길동이가 주먹을 들어 보이며, "한 대 맞을래? 아니면 그냥 같이 갈래?" 하는 거야. 철수는 할 수 없이 따라갔어.

이처럼 '상대방의 의사에 반해서 자신의 의도를 관철시킬 수 있는 능력'을 권력이라고 해. 길동이와 철수가 갈등 상황에 있는데, 길동이의 의지(의사)가 관철된다면, 길동이가 권력을 행사했다고 표현하는 거지. 자세히 살펴보면 권력에는 세 가지 요소가 들어 있어. 갈등, 강제력force 행사의 위협, 그리고 상대방이 그 요구에 따르는 것이야.

여기에서 깜짝 퀴즈~. 직장 내 상사의 성폭행은 권력 때문일까? 아닐까? 피해자가 순순히 응하지 않고, 직장 상사가 폭력을 사용한 경우라면, 이건 야만force이지, 권력power은 아니야.

다른 예를 들어볼까? 할아버지와 아버지가 있어. 할아버지와 아버지가 맞짱(?) 뜨면 분명 아버지가 이길 것 같은데, 아버지가 할아버지 말씀을 잘 따르는 거야. 할아버지 말씀을 따르는 일은 권력 때문일까?

만약 할아버지의 재산을 많이 상속받으려고 아버지가 할아버지의 뜻대로 행동한다면 할아버지가 권력을 가지고 있다고 할 수 있지. 하지만 아버지는 할아버지 말씀을 따르는 일이 당연(정당)하다고 생각해서 할아버지의 뜻대로 행동하는 거라면 그것은 권력 때문이 아니야. 강제력에서 나오는 게 권력이라고 했지? 할아버지와 아버지의 관계처럼 정당성에서 나오는 힘은 '권위authority'라고 부른단다.

막스 베버 아저씨가 권력의 정당성에 주목했다고 했지? 베버 아저씨가 스스로 던진 질문에 대한 답이 여기에서 나왔네. 인간은 평등하다는 믿음이 보편화된 현대 사회에서는 '정치권력이 정당하다고 믿을 때에만 사람들이 공적인 결정을 수용할 수 있다.'는 거야.

앞에서 정치를 '희소한 가치의 권위적 배분'이라고 정의했잖아? 사회의 희소한 자원은 정당한 권력에 의해 정당하게 배분되어야 하며, 무엇이 옳은지에 대한 결정 또한 정당한 권력에 의해 정당한 과정을 통해 내려져야 한다는 뜻이야.

만약에 대다수 시민이 권력의 정당성을 인정하지 않는다면 어떤 일이 벌어질까? 아마도 권력에 대항하는 시위가 심해지고 사회가 혼란스러워질 거야. 역사를 살펴보아도 통일 신라든 고려든 조선이든 말기로 갈수록 반란이나 민란이 많아졌잖아?

사실 사회 갈등이 해결되지 못해 증폭되고 극심한 반발로 사회가 불안정해지는 현상은 정치권력의 정당성과 직결된 경우가 많아. 사회의 안정을 위해서도 정치권력의 정당성은 아주 중요하지.

그렇다면 한국의 평범한 시민들이 2016년 겨울에 촛불을 들고 광장에 나간 이유는 무엇일까? 박근혜 정부의 권위(정당성)를 인정하지 않았기 때문이겠지.

여기서 잠깐  Dig Dig

전통적 권위, 합법적 권위, 카리스마적 권위

막스 베버는 '현대인이 왜 지배를 수용하는가?'라는 질문을 던졌다고 했지? 이 아저씨는 지배의 정당성에서 그 해답을 찾았어. 어떤 결정이 정당하다면, 혹은 통치자와 피통치자가 있지만 통치자의 지배가 정당하다면 수용할 수 있다는 거야.

베버는 권위를 정당성의 원천이 무엇인지에 따라 전통적 권위와 합리적·합법적 권위, 그리고 카리스마적 권위로 구분했어.

먼저, 전통적 권위에 대해 알아볼까? 세종대왕이 한글을 창제·반포하려는데 신하들이 반대했잖아. 한글을 공식 발표하고 널리 사용하려는 세종대왕과 이에 반대하는 신하들 사이에 있을 법한 가상의 대화를 상상해 볼까?

세종대왕: 내가 왕이야.

신하들: 그래서요?

세종대왕: 왕의 말이 곧 법이야.

신하들: 왜요?

세종대왕: 그게 전통이야.

쉽게 말하면, 전통이란 '예전에도 그랬고, 지금도 그렇고, 앞으로도 그럴 것'이라는 뜻이야. '전통'에 따라 왕의 혈통을 이어받았고, '전통'에 따라 '왕명이 곧 법'이니까 찍소리하지 말라는 거지.

그러면 현대 사회에서는? 권위가 전통에서 나오지는 않아. 베버는 '합리성' 혹은 '합법성'에서 권위가 나온다고 보았어. 베버 아저씨가 말한 합리성의 개념은 머리가 아프니깐, 여기에서는 합법성의 의미만 이야기할게.

요즘 세상에 누군가가 나타나서 자신은 고종 황제의 핏줄이기 때문에 대한민국의 권력은 자신에게 있다고 주장한다면 다들 코웃음 치겠지? 또 대통령이나 장관이 자기 기분에 따라 포고령을 내리고 시민들에게 이를 따라야 한다고 이야기한다면 엄청난 비판을 받을 거야. 국회의원이 대표자라는 지위를 앞세워 누군가에게 '갑질'을 한다면 미쳤다고 손가락질을 받겠지?

시민의 권리를 제한하고 의무를 부과할 수 있는 강제력은 오로지 정당한 절차로 만들어진 법을 통해서만 인정되거든. 이렇게 정당한 절차와 대다수의 시민이 인정하는 법을 통해 강제력을 행사하는 게 바로 합리성·합법성에서 나온 권위야.

마지막으로, 베버는 '카리스마'를 이야기했어. 우리가 평소에 아주 멋진 배우를 보면, "야, 저 배우 포스 장난이 아니다. 카리스마 쩐다."는 식으로 이야기하잖아? 비슷한 의미로 생각하면 돼.

로마의 카이사르, 프랑스의 나폴레옹, 독일의 히틀러, 조선의 세조, 한국의 박정희와 같은 이들은 권력의 정당성을 전통이나 법에서 찾지 않았어. 마치 (아빠가 초등학교 때 열심히 외운 '국민교육헌장' 첫 구절처럼) "나는 민족 중흥의 역사적 사명을 띠고 이 땅에 태어났어. 그런데 나라가 개판이네~. 이 혼란스러운 상황을 풀 수 있는 사람은 나밖에 없어. 따라서 내가 통치하는 것이 정당해." 하는 식이지.

고려를 무너뜨리고 조선을 세운 이성계가 자신을 정당한 왕이라 여긴 근거는 무엇일까? 그건 '전통'도 아니고 '법'도 아니었지. 바로 '카리스마'에 의존했다고 할 수 있어. 보통 카리스마적인 권위는 혼란스러운 상황에서 나타나는 경우가 많아. 이런 상황에서 사람들은 영웅을 원하잖아.

정당하다면 그 결정을 받아들일게

그런데 산아야, 법이 부여한 권한을 가진 사람이 내린 결정과 판단은 모두 정당할까? 선거를 통해 당선된 시장이나 도지사가 내린 결정은 그 내용이 무엇이든 정당하다고 할 수 있을까? 또, 법원에서 내린 판결은 무조건 정당하다고 말할 수 있을까?

정치는 사회에 존재하는 갈등과 분열을 공적인 결정을 통해 조정하고 통합하는 일이라고 이야기했지? 그런데 정치적 결정은 누구에게는 이익을, 누구에게는 손해를 끼치게 되고. 따라서 손해를 보거나 가치관이 달라서 반대하는 사람들도 이 결정을 수용하려면 결정이 정당해야 해. 내 이익에 반하는 결정이라고 하더라도 정당하다면 받아들이게 되잖아? 그래서 정치가 추구하는 사회 통합의 핵심은 정당한 권위를 갖추는 데 있어.

또한, 공적인 결정에는 대다수 시민의 삶이 결국에는 나아진다는 보장이 있어야 해. 지금 당장 나에게 불리하더라도 결국 우리 모두를 위한 일이라면 수용할 수 있잖아? 대다수 시민이 '등 따습고, 배부른 사회'를 위한 결정이라고 받아들일 때 정당하다고 할 수 있지.

이 두 가지 요소, 즉 '권력의 정당성'과 '경제적 효율성과 복지'는 한 국가의 정치가 안정되기 위한 조건이야. 그런데 여기에 대한 해석은 꽤 다양하단다.

'정당성'의 기준에 대해 어떤 이는 법에 부합해야 한다고 주장하고, 어떤 이는 합리적이어야 한다고 주장하고, 또 어떤 이는 시민의 요구에 부합해야 한다고 주장한단다.

'경제적 효율성과 복지'에 대해서는 부의 공평한 분배를 중시하는 사람들이 있는가 하면, 경제 성장 혹은 경제체제의 효율성을 중시하는 사람들도 있어. 어떤 기준이 더 옳을까는 뒤에서 살피기로 하자.

3. 정치권력과 민주주의

누구 손에 권력이 있나?

어떤 국가의 정치를 말할 때 누가 권력을 가졌는지를 기준으로 분류한다면, 일인 지배, 소수 지배, 다수 지배로 나눌 수 있어. 왕정(군주정)이나 독재는 일인 지배에 속하고, 귀족정이나 세도 정치는 소수 지배에 속하지. 그리고 민주주의는 다수가 권력을 갖는 체제(다수 지배)란다. 이 중에서 어떤 정치체제가 좋은지는 2천 년 이상 계속된 논쟁거리가 되었지.

고대 그리스의 유명한 철학자 플라톤 아저씨는 일인 지배에 속하는 '철인 통치'가 가장 좋다고 생각했어. 그는 민주주의에 반대했는데, 민주주의는 우매한 대중에 의한 통치(중우정)로 갈 수밖에 없다고 보았기 때문이야. 대중에게 인기 있는 정책만 채택하면서 국가가 망할 수밖에 없다는 거지. 요새 유행하는 표현인 '포퓰리즘populism'이 중우정의 영어식 표현이야.

한편 조선 건국과 관련된 사극을 보면 이방원과 정도전이 나오잖

아? 정도전이 꿈꾼 이상적인 국가는 어떤 정치체제였을까? 사대부를 중심으로 한 귀족정(소수 지배)이라 할 수 있지.

그렇다면, 현재 우리 사회의 대다수 시민은 어떤 정치를 원하고 있을까? 대부분의 사람들이 민주주의(다수 지배)를 원한다고 할 거야. 이쯤에서 지금까지 살펴본 내용을 가지고 한국의 정치가 민주주의인지 아닌지를 따져 보는 건 어때? 급하게 말고, 하나씩 차근차근 따져 볼까?

여기서 잠깐 Dig Dig

국민, 인민, 대중, 공중, 시민

산아야. 민주주의는 국가의 최고 권력인 '주권이 국민에게 있는 체제'란다. 우리 헌법에서도 '국민'이라는 표현을 쓰고 있어. 그러나 민주주의를 지지하는 사람들은 '국민'이라는 표현보다는 인민, 시민과 같은 표현을 더 선호한단다. 그 이유를 알아볼까?

국민national(國民)은 국가의 구성원이 되는 법적 자격을 가진 사람을 가리킨단다. 나중에 살펴볼 자유주의에서 주권은 국가를 구성하는 개개인에게 있다고 보기 때문에 '국민'이라는 표현을 선호하지. 그런데 일제 강점기에는 황국신민(皇國臣民)의 준말로 국민이라는 용어를 사용했지. 일본 천황의 신하가 된 백성이라는 뜻인데, 이 때문에 국민이라는 용어를 쓰지 말자는 사람들도 제법 많아.

인민people, demos(人民)은 우여곡절이 많은 용어야. 민주주의democracy의 어원이 되는 데모스demos는 아테네에서 평민을 뜻했어. 즉, 인민은 어떤 권한도 없는 일반인을 지칭하는 용어로 우리말로 민중 혹은 일반 대중과 비슷한 의미이지. 조선 시대와 대한제국 시대에는 인민을 일반 백성을 지칭하는 용어로 썼는데, 데모스와 뜻이 같아. 그런데 남북으로 갈라진 후 북한이 인민이라는 용어를 즐겨 사용하면서 한국에서는 괜히 피하고 싶은 용어가 되어 버렸어.

대중mass(大衆)은 '인민 혹은 민중'의 뜻으로 사용하기도 하고 '대중 소비 사회'라고 표현할 때처럼 '군중으로서의 대중'이란 뜻으로 사용해. 대중은 수동적이고 비합리적이고 감정에 따라 움직이는 일반 평민이라는 의미가 강하지.

대중과 비슷한 표현으로 공중public(公衆)이 있어. 퍼블릭은 사람들이라는 뜻의 라틴어 포풀루스populus에서 나온 말인데, 일반인people이라는 뜻으로 많이 사용하지. 공중은 모두와 관련된다는 의미에서 사적인 것과 반대되는 공적인 것 혹은 공개된 것이라는 뜻도 있어.

시민citizen(市民)은 도시민 혹은 국가의 구성원으로 권리를 가진 사람을 말해. 로마 검투사에 대한 영화를 보면 자유가 없는 노예와 대비되는 자유 시민이라는 표현이 나오잖아. 국민과 비슷한 뜻이지만, 권리 개념이 강조된 말이지.

근대의 시민혁명 시기에는 제1계급인 성직자와 제2계급인 귀족이 있었어. 성직자도 귀족도 아닌 평민과 농노를 제3계급이라 불렀어. 제3계급 중에는 도시에 살면서 세금을 내는 이들(자본가 계급)이 있었는데, 이들을 시민으로 부르기도 했어. 그래서 시민을 자본가 계급이나 중간 계급(중산층)으로 좁게 보려는 사람들도 있지.

국민이나 대중은 민주주의를 비판적으로 보는 사람들이 많이 쓰는 말이고, 엄밀히 말하면 인민이나 민중이 민주주의에 어울리는 용어지만, 이 단어의 어감을 싫어하는 사람들도 많아. 그래서 민주주의를 이야기할 때 국민이나 시민이라는 용어를 섞어서 사용할 거야.

대의제와 민주주의는 어울릴 수 있을까?

지구촌에 존재하는 정치제도 중에 민주주의를 실행하는 국가들은 모두 대의제 형태를 채택하고 있어. 간접 민주주의 혹은 대의제 민주주의라고 부르는 제도로 말이야. 이 제도에서는 다수 시민이 국가의 정책을 직접 결정하지 않아. 시민이 대표자를 선출하고 선출된 대표가 결정하는 구조, 즉 대표가 권력을 가지고 있지. 언뜻 보면, 대의제는 다수가 직접 통치하지 않기 때문에 민주주의가 아닌 것 같아.

여기에서 질문 하나 던져 볼까? 주권자인 시민이 자신들을 통치할 대표를 뽑았다는 이유만으로 민주주의라 할 수 있을까? 좀 다른 각도에서 말한다면, '대의제'라는 제도를 통해 '민주주의'를 실현하는 국가가 되려면 어떤 조건이 필요할까?

앞에서 권력이 뭐라고 했지? 권력은 곧 의사력이라고 정의했잖아. 시민이 권력을 갖는 민주주의란 그 형식이 어떤지에 상관없이 시민의 의사에 따라 중요한 결정을 내리는 정치를 말하는 것 아니겠어? 민주주의인지 아닌지를 판단하는 기준은 바로 여기에 있어.

어떤 중요한 결정이 국회에서 정상적인 과정을 통해 결정된다고 하더라도 결정 과정에서 시민들의 요구가 무시되고 배제된다면 민주주의라 하기 어렵겠지?

음, 대의제가 민주주의가 되려면 최소한의 조건이 필요해. 먼저, 시민의 요구에 정치체제나 대표자들이 바로 대답하고 있는가, 즉 '반응성responsiveness이 높은가?'가 중요한 기준이 되겠지. 시민이 선출한 대표에게 중요한 결정을 내릴 권한이 있다고 해도 다수 시민의 요구에 아무런 반응이 없다면 형식만 민주주의이지, 실제로는 민주주의라고 할 수 없어.

다음으로, 중요한 결정을 하는 과정에서 처음부터 어떤 집단의 목소리가 차단되어 있다면, 이 또한 민주주의에 반하겠지? 따라서 '공적인 결정이 사실상 특정 집단에 의해 주도되는가? 나아가 특정한 의제나 집단이 배제되는가?'도 민주주의인지 아닌지를 판단하는 기준이 돼.

한 가지 예를 들어볼까? 일본군 위안부 문제와 관련하여 박근혜 정부는 일본과 합의했지. '일본 정부가 배상금을 주면 다시는 이 문제와 관련하여 외교적으로 이의를 제기하지 않겠다.'라는 내용의 합의를 했어. 그런데 이 합의는 대다수 시민의 의견에 반하는 결정이었어. 또한 이 사안의 당사자인 위안부 할머니들의 의견은 처음부터 무시한 채 일본과 협상을 진행했지. 방금 살펴본 기준을 적용한다면 이 사안은 민주주의에 반하는 결정이었다고 할 수 있네.

바보야, 그건 민주주의가 아니야

우리 사회에서 대놓고 민주주의를 반대하는 사람은 없어. 그런데 아빠가 볼 때 겉으로는 민주주의를 주장하지만 실제로는 민주주의에 반하는 주장도 있어. 일단 세 사람의 이야기를 들어볼까?

철 수 대의제는 대표자가 판단하는 것이 원칙이기 때문에 시민의 요구

를 따르면 안 돼. 대표자는 시민의 의견이 아닌 자신의 소신에 따라 결정해야 해.

진 표 중립적 위치에 있고 공정한 판단을 내릴 수 있는 자가 판단하는 것이 바람직해. 사회적으로 쟁점이 되는 이슈도 정치적으로 판단해서는 안 되고 중립적인 위치에 있는 법원의 판단에 따르는 게 더 낫지. 대의제 민주주의는 법치주의를 원칙으로 하기 때문에 사법부의 판단이 우선시되어야 해.

경 희 최근 원자력발전소를 점차 없애려는 '탈원전' 정책에 대한 갈등이 발생했는데, 정부는 이 문제를 공론조사를 통해 결정한 적이 있어. 그런데 전문성이 필요한 문제를 시민들의 의견을 통해 결정하는 일은 바람직하지 않아. 전문가가 아닌 대중의 판단에 맡기는 건 포퓰리즘이야.

철수의 말은 민주주의를 사실상 부정하는 게 아닐까? 대의제 민주주의에서 '대의제'는 형식이고 '민주주의'가 내용이 되어야 하는데, 내용인 '민주주의'는 없고, 형식인 '대의제'만 남기자는 주장 같지 않아?

진표의 이야기는 어떨까? 방송에 법조인들이 나와서 '옳다/그르다'는 판단을 하는 일이 잦아진 것도 이런 주장과 관련이 있어. 본래 민주주의는 사회의 중요한 결정을 판사나 법조인이 내리는 것이 아니라 시민이 내리는 거야. 법치주의 자체가 민주주의의 본질도 아니고 말이야.

경희의 이야기는 철수의 말과 다르지 않고, 진표의 주장과 같다고 할 수 있어. 요즘에는 이처럼 주장하는 사람들이 제법 많아. 이 주장을 살펴보기 전에 공론이 무엇인지 알아볼까?

공론이란 '공정하고 바른 의견'이나 '여럿이 함께 의논하여 내린 판단'을 말해. 영어식 표현인 '여론 혹은 대중의 의견public opinion'과 비슷한 뜻이야. 인간은 모두 자유롭고 평등하다는 주장을 인정한다면, 어떤 결정이 다수의 의견과 합치할 때 공정하다고 말하겠지? 요컨대 공론은 일반인public의 의견을 뜻하며, 여론과 비슷한 뜻이 되는 거야.

그런데 경희는 왜 공론에 의한 결정을 반대하는 걸까? 이 입장은 일반 대중은 우매하고 감정적이어서 합리적인 판단을 할 수 없다는 생각을 깔고 있어. 공정하고 바른 의견은 판단할 능력이 있는 전문가의 심사숙고한 결과에서 나온다고 주장하는 거지. 이 사람들은 '공론'보다는 '심의'나 '숙의'라는 표현을 더 좋아한단다.

어쨌든 말이야, '시민의 의견에 따라 국가의 중요한 결정을 내리는 일은 바람직하지 않다.'는 주장은 일반 대중을 소위 '개·돼지들' '천한 것들'로 보는 게 아닐까?

민주주의를 어떻게 정의하든, 그것은 시민의 의지를 확인하는 과정과 시민참여를 필수적으로 요구한단다. 민주주의는 조용히 훌륭한 결정을 내리는 제도가 아니라 시민이 공개적으로 판단하는 정치제도거든. 따라서 어떤 결정이 민주주의에 부합하는지는 '시민의 의견을 공개적으로 끌어내고 대화와 토론을 통해 합의를 도출하는지'에 따라 평가해야 하지 않을까? 공론의 의미도 바로 여기에 있고 말이야.

여기서 잠깐  What's up?

문재인 정부의 공론조사

최근 들어 갈등이 심한 쟁점 사안에 대해 공론조사를 통해 결정하는 경우가 늘고 있어. 2018년에는 원자력발전소 건설을 중단하고 친환경 에너지로 대체하자는 '탈원전 정책', '대학입시 제도' 개편 문제, 국내 첫 영리병원인 '제주 녹지국제병원 설립 문제'에 대한 공론조사가 있었어.

한국 정부는 시민대표단 500명을 구성하고 '여론조사 → 전문가 토론 → 여론조사 → 전문가 토론 → 여론조사'의 형식으로 진행하고 있단다. 시민대표단은 19세 이상이 참여할 수 있고, 인구비례에 따라 구성하는 게 원칙이지.

공론조사는 단순한 찬반 의견을 묻는 것이 아니야. 전문가들 간의 토론을 통해 참여하는 시민에게 해당 문제에 대한 정보를 제공한 후 찬반 논리를 드러내고, 시민의 의견을 수렴하는 제도야.

산아가 관심 있는 2022년 대학입시 제도에 대한 공론조사는 어떻게 진행되었는지 아니? 교육부는 시민참여단을 구성할 때 당사자인 학생들을 포함하지 않았어. 인구비례로 구성한다는 원칙에 따랐는데, 대학입시 제도에 관심이 가장 적은 60대 이상이 가장 많은 비중을 차지했단다.

전체 시민의 의견을 듣는다는 점에서는 끄덕끄덕할 수 있지만, 당사자의 의견을 더 많이 반영해야 하지 않을까?

탈원전 정책에 대한 독일의 공론조사를 보면 우리나라와 차이가 있어. TV를 통해 네 차례 전문가 토론을 진행하고, 일반 시민의 여론을 조사했지. 전문가 토론과 시민대표단의 여론조사가 어떻게 진행되는지를 중간에 공개하지 않은 우리나라와는 다른 방식이었어. 그래서일까? 공론조사 이후 최종 결정에 대해 독일 시민들은 수용했지만, 우리나라는 여전히 대립하고 있단다.

위민 정치는 민주주의일까?

'백성을 위한 정치'라는 뜻을 가진 위민(爲民) 사상에 대해 들어보았지?

그런데 말이야, 대중의 이익과 복지를 높이는 것이 과연 민주주의의 핵심일까? 시민을 위한 정책을 펴는지 그렇지 않은지를 기준으로 민주주의인지 아닌지를 판단할 수 있을까?

아빠가 볼 때는 무엇이 바람직한지를 '1도 모르는 대중'의 판단에 맡기기보다 전문가에게 맡기는 게 더욱 합리적이라고 주장하는 사람들은 민주주의를 위민 정치로 생각하는 것 같거든.

세종대왕이 통치한 시기를 민주주의라 할 수 있을까? 아니지, 왕정체제였지. 독재자가 시민의 이익을 위한 정책을 추진한다고 해서 민주주의가 되는 걸까? 당연히 아니지.

민주주의를 이야기할 때, 흑인 노예 해방을 이끈 미국의 대통령 링컨이 게티스버그에서 했던 연설을 많이 인용한단다. 링컨은 민주주의를 'of the people, for the people, by the people'로 정의했어. 이를 우리말로 '인민의, 인민을 위한, 인민에 의한 정부'로 번역하지.

'인민의of the people 정부'란 인민의 의지에 따라 통치가 이루어지는 것이고, '인민을 위한for the people 정부'는 대중의 이익과 복지를 위한 정치를, '인민에 의한by the people 정부'란 시민의 정치참여가 보장되는 제도를 의미해.

어떤 이는 민주주의를 '인민의 정부'나 '인민에 의한 정부'로 보면 우매한 대중에 의한 통치(중우정)와 대중의 인기에 영합하는 정치(포퓰리즘)로 귀결될 수밖에 없다고 주장한단다. 그러면서 민주주의는 '인민을 위한' 위민 정치여야 한다고 주장하지.

하지만 민주주의는 말 그대로 국가의 권력이 다수 시민에게 있는 정치체제를 뜻해. 위민 정치를 한다고 해서 다 민주주의 정부는 아니지. 이것만큼은 헷갈리지 않았으면 해.

여기서 잠깐  What's up?

공익을 앞세워 갈등을 해소하자고?

선거가 끝나면 방송과 신문에서는 국론 통합이 어쩌고저쩌고하면서 호들갑을 떨잖아? 그런데 한국 사회에서 과연 국론 통합이 가능할까?

누구는 '공자가 죽어야 나라가 산다.'고 하고, 누구는 '공자가 살아야 나라가 산다.'고 이야기하는 사회가 지금의 한국이야. 조선 시대와 달리 이념, 종교나 가치관, 혹은 이해관계가 너무나 다른 다원 사회라는 뜻이야. 그런데 갈등은 바람직하지 않으니까, 공익public good을 앞세워 사회를 통합해야 한다는 주장이 있어. 산아는 어떻게 생각해?

현대 사회에서 갈등은 불가피해. 문제는 이러한 갈등을 어떻게 해소하고 통합해 나가느냐에 있고, 이것이 바로 정치가 풀어야 할 과제이지.

한국은 현재 좌파, 우파의 이념 갈등뿐 아니라, 최저임금제나 부의 분배 문제를 둘러싼 갈등도 있고, 소위 '남혐, 여혐'과 관련된 문제도 갈등의 요인이 되고 있지. 이런 문제에 대해 대한민국의 모든 사람이 같은 목소리를 내는 건 불가능하니까 갈등은 불가피해. 어떤 삶이 좋은 삶인지에 대해 너무나 다른 가치관을 지녔고, 이해관계도 다 다르기 때문이지.

이런 다원 사회에서 무엇이 바람직하고, 무엇이 공익인지를 누가 결정할 수 있을까? 다원 사회에서 특정한 가치만 옳다고 말하는 건 결국 신God 아니면 독재자가 되겠다는 뜻이 아닐까? 다름을 인정하지 않는 전체주의 사회에서는 개인의 자유가 사라지고 지배만 남을 뿐이야.

그런데도 갈등은 바람직하지 않다고 이야기하는 사람들이 많아. 이 사람들은 자신의 권리를 주장하는 일을 이기주의라 치부하고, 공익을 우선시해야 한다고 하지.

그런데 산아야, 나치즘이나 일본의 군국주의도 모두 국가의 이익을 앞세웠어. 또 독재자들은 항상 공익을 앞세웠지만, 독재자 개인의 사욕만 채운 경우도 참 많았어. 그 결과는 역사 속에서 늘 비극으로 끝났지.

갈등을 해소하는 일이 바로 정치의 과제라 하더라도, 다름을 부정하고 생명을 경시하면서까지 국익이나 공익을 앞세우는 게 과연 바람직할까?

민주주의는 권력이 시민에게 있는 정치라네.
민주주의는 다수 시민의 자기 지배라네.
왜 교육 문제를 학생들 빼고 지들끼리 결정하는데?
있어야 할 정치는 사라지고
있는 정치는 개판,
우리는 개탄!
by - 산아

어디선가 들은 말

하고 싶은 대로 사는 게 자유는 아니라고

free한 게 lib은 아니라고

어느 정도 자유롭다고 정.의.사.회

갑질이 보장되는 찌질이 정.의.사.회?

누군가 내뱉은 말

소수자에게 하는 말

차별할 자유 달래

별 게 다 자유래

너도 한번 맞아 볼래?

이게 나의 자유라면

누가 나를 막을 건데?

제2장 옳은 정치의 기준: 정의, 자유, 평등

I. 정의

정의? 그게 뭔데?

다원 사회에서는 갈등이 불가피하다고 했지? 그리고 정치란 대립하고 갈등하는 사람 혹은 집단 들의 이익이나 가치를 조정하는 일이라고 했어. 그런데 '어떤 기준에 따라 조정해야 하는가?'라는 질문이 늘 따라다닌다는 게 문제야. 그래서 사람들이 생각한 기준 중의 하나가 '정의justice(正義)'라는 개념이야.

정의가 뭐냐고? 정의란 사람들 모두가 옳다고 생각하는 어떤 기준 같은 거야. 만약에 옳은 기준, 즉 정의가 존재한다면? 정의의 기준에 부합되는 결정이라면 모두가 그 결정에 동의할 거야. 어떤 문제를 두고 치고받고 싸우는 사람들을 하나로 묶어 줄 기준이 되는 거지.

그런데 어떤 식으로 결정을 내리든지 손해를 보는 사람이나 집단이 존재할 수밖에 없는 다원 사회에서도 정의의 기준이 있을까? 예를 들면 최저임금 인상을 두고 싸우고 있는 한국 사회에서 정의의 기준으로 다툼을 해결할 수 있을까?

조선 시대에는 "이건 어명이야!"라거나 "공자가 말씀하시기를~"라고 하면 옳음의 기준이 교통정리되었어. 기독교를 믿은 서구의 중세 시대에는 "예수가 말씀하시기를~~"이라는 말로 해결되었지. 그런데 현대인은 왕의 권위를 인정하지도 않고, 믿는 종교가 없거나 서로 다른 종교를 믿는단 말이지?

어떤 기준을 적용해 이야기하더라도 이런 답이 돌아올 거야.

"그건 네 생각이고, 난 달리 생각하거든!"

이 말은 정의의 개념을 사람마다 달리 사용한다는 뜻이야.

우리말의 '정의'와 가장 유사한 영어 표현은 '저스티스Justice'야. 고대 그리스에서 정의의 여신으로 부른 '디케Dike'의 조각상을 본 적이 있니? 두 눈을 가리고 왼손에는 저울을, 오른손에는 칼을 쥔 여신 말이야. 우리나라에서는 법원 입구에서 볼 수 있어. 사법부의 상징이 바로 디케 여신이거든.

그리스의 디케 여신은 로마로 건너가 유스티티아Justitia 여신으로 재탄생하는데, 영어 '저스티스Justice'의 어원이 되지. 디케 여신이 두 눈을 가리고 있는 까닭은 상대방이 권력자인지 아닌지, 부유한지 가난한지, 나와 아는 사람인지 아닌지를 보지 않겠다는 뜻이 담겨 있어. 그리고 저울은 공평함을 뜻하고, 칼은 질서와 정의를 어지럽히는 행위를 응징하고 단죄하겠다는 뜻이래.

동양에서 정의는 천명(天命), 도(道)·리(理)와 비슷한 뜻으로 사용해 왔어. 도리 혹은 이치에 맞는 것이 정의롭다는 거야.

'정의(正義)'라는 한자를 풀이해 보면, '옳고 의롭다.'는 뜻이야. 정(正)이 '바르다'는 뜻인 건 알지? 의(義)는 '마땅히 해야 할 일을 하는 것', 즉 '옳은 일을 하는 것'을 뜻해. 때로는 사적인 이익(利)과 반대되는 사회적으로 옳은 일을 뜻하기도 해. 두 글자를 종합해 보면 정의는 바르고 옳은 것을 말해.

옛날에는 '정의'를 이치에 벗어나지 않는 것(理), 혹은 옳은 길을 따르는 것(道)으로 생각했어. 한마디로 천명(天命, 하늘의 뜻 혹은 하늘의 명령)을 따르는 일이라 보았지. 그런데 하늘의 뜻이라는 게 있기나 할까?

대체 무엇이 하늘의 뜻일까? 있다고 해도 사람이 그것을 정확하게 알 수 있을까?

아주 먼 옛날에는 하늘의 뜻을 확인하는 방법으로 점(占)을 쳤어. 그리스 신화를 보면 델포이 신전에 가서 신에게 물어보는 이야기가 자꾸 나오잖아? 아킬레우스가 트로이 전쟁에 참여하기 전에 어머니인 테티스 여신이 그랬듯이. 동양이나 서양 모두 옳은 것이란 신의 뜻이라고 생각했나 봐. 그런데 점이 정말인지 사기인지 정확히 모르잖아? 점을 치는 사람의 주관적인 해석일 수도 있다는 뜻이야.

역사가 전개되면서 하늘의 뜻은 '천자(天子)'라 불리는 왕에게 내려진다는 주장이 나왔고, 사람들은 이 생각을 오랜 시간 받아들였단다.

'단군왕검'이란 말을 살펴보면 점을 치는 제사장과 정치적 수장인 왕의 역할을 묶은 건데, 하늘의 뜻이 왕에게 내려졌다는 주장과 관련되지 않을까? 서양의 절대왕정 시대에 유행한 '왕권신수설'도 이런 입장의 하나라고 말이야. 하지만 왕의 판단이 하늘의 뜻과 같다고 누가 확신할 수 있을까? 왕명도 점과 마찬가지로 확실한 근거는 없지.

사서삼경 중 하나인 『서경』에는 '민심(民心)이 곧 천명'이라는 구절이 나온단다. 천하의 보통 사람들이 옳다고 여기는 것이 바로 정의라는 거야. 민심을 강조한 맹자는 '모든 사람이 함께 즐기는 것이 있고, 함께 듣는 것이 있고, 모두가 아름답다고 여기는 것이 있듯이, 사람들의 마음이 그렇다고 여기는 것'이 바로 의(義)라고 이야기했지.

그런데 민심은 항상 정당할까? 사람은 물질적 욕망 때문에 '의'보다는 사사로운 이익에 이끌려 행동할 수 있잖아. 그래서 성리학을 발전시킨 주자는 공론(公論)이 중요하다고 했지. 왕이나 권세를 가진 자는 천하의 모든 사람이 옳다고 여기는 것을 잘못되었다고 말하는 것을 경계해야 한다고 주장하면서 공론을 제시한 거야.

주자에 따르면 공론이란 '하늘에 따르고(順天理) 인심에 부합하여(合人心) 천하의 모든 사람이 옳게 여기는 것'을 말해. 이러한 민심론이나 공론을 중시하는 생각은 현대 민주주의와 닮은 점이 있단다.

지금까지 정의에 대한 다양한 해석을 간략하게 살펴보았는데, 이제 서양철학에서는 정의를 어떻게 보는지 들여다볼까?

존재하는 모든 것에는 존재 이유가 있거든

영화 〈매트릭스〉를 보면, '존재하는 모든 것에는 존재 이유가 있다.'라는 대사가 나와. 모든 존재의 이유는 그 필요, 즉 쓰임새에 있다는 거야. 그 쓰임새대로 작동하는 것이 바로 옳은 것이고, 미덕이고, 정의라는 거지. '~ 답다'는 말이 있지? "학생이면 학생답게 행동해야 해." 처럼 말이야. 이 말의 의미를 살펴볼까?

아리스토텔레스는 자연은 어떤 것도 불완전하거나 쓸데없이 만들지 않는다면서, 자연에 존재하는 모든 것은 사람을 위해서라고 이야기했지. 식물은 동물을 위해 존재하고, 동물은 인간을 위해 존재한다는 거야. 이런 생각을 '목적론'이라 부른단다.

이 논리가 사람들 간의 관계에도 적용된다고 주장했어. 남자와 여

자가 다르고, 주인과 노예가 다르다는 거야. '여자란 잠자코 있을 때가 가장 예쁜 법'이라는 당시 그리스의 미덕을 예로 들면서, '이 진리는 남자에게는 해당하지 않는다.'고 말했지. 더 나아가 사람은 날 때부터 주인과 자유인의 본성을 타고난 자가 있고, 노예와 피지배자의 본성을 타고난 자가 있다는 주장까지 했단다. 한마디로 왕후장상의 씨가 따로 있다는 거지.

공자도 비슷한 말을 한 적이 있어. '군군신신부부자자(君君臣臣父父子子)'라고 말이야. 군왕은 군왕다워야 하고, 신하는 신하다워야 하며, 아버지는 아버지다워야 하고, 자식은 자식다워야 한다는 거야. 각자 자신의 본분을 다하는 것이 바로 예이고, 의롭다는 거지.

만약 '어떤 물건을 누가 갖는 것이 정의로운가?'라고 질문한다면 어떨까? 가장 아름다운 선율을 내는 악기가 있다면 그것을 가장 잘 연주할 사람에게 주는 게 정의이고, 아름다운 옷이라면 가장 잘 어울리는 사람에게 주는 것이 정의롭다고 할 거야.

만약에 '어떤 일을 누구에게 맡기는 것이 정의로운가?'라고 질문한다면? 농지는 가장 잘 경작할 능력이 있는 사람에게 맡겨야 하고, 환자는 의사에게, 배는 항해사에게 맡기는 것이 정의롭다고 하겠지.

그러면 국가는 누가 맡아야 할까? 통치할 능력이 있는 자에게 통치를 맡기는 게 정의롭다고 할 거야.

실제로 플라톤 아저씨는 정의란 강자의 이익이나 법률을 지키는 것이 아니라 의사가 환자의 병을 치료하는 것처럼 피지배자의 이익을 위하는 일이고, 이를 가장 잘 수행할 사람(철인)이 통치해야 한다고 주장했단다. 그래서일까? 그리스나 로마에서 미덕virtù이란 말은 탁월함이나 우월함goodness, exellence이란 뜻을 함께 지니고 있었단다.

그런데 말이야, 모든 사물과 인간에게 타고난 본성이 있다는 이런 생각은 좀 위험해 보이지 않아? 똑같은 물을 먹어도 젖소가 먹으면 우유가 되지만, 독사가 먹으면 독이 된다는 말과 비슷하지. 송충이는 솔잎을 먹어야 한다는 말과도 비슷하고.

이런 생각이 좀 더 발전하면 정치는 천한 것들의 뜻에 따르면 안 된다면서 신분제 사회를 정당화하게 돼. 요샛말로 하면, '금수저'의 특권이나 더 많이 가진 자의 '갑질'을 정당화하는 논리가 되지.

여기서 잠깐  Punch Line

2016년 10월에 방탄소년단[BTS]이 발표한 노래 중에 〈Am I wrong?〉이라는 노래가 있어. 눈에 띄는 가사가 있는데 한번 들어볼래?

The world's goin' crazy
넌 어때 how bout ya
You think it is okay?
난 좀 아닌 것 같어
귀가 있어도 듣질 않어
눈이 있어도 보질 않어
(중략)
우린 다 개, 돼지 화나서 개 되지
황새 vs 뱁새 전쟁이야 ERRDAY
미친 세상이 yeah
우릴 미치게 해
그래 우린 다 CRAZY
(하략)

모두에게 이로운 것이 정의로운 것?

무엇이 절대적으로 옳다고 말할 수 있을까? 옳다는 것은 결국 주관적일 수밖에 없어. 따라서 누군가 정의의 기준에 대해 이러쿵저러쿵 말한다면, 그것은 자기만의 생각일 뿐이야. 산아는 속으로 이런 생각이 들겠지.

'그래서 어쨌다는 건데?'

만약 인간이 현실의 쾌락과 행복이라는 감정에 따라 행동한다면? 그것이 인간의 본성이라면? 신의 이름으로 내려지는 모든 판단 또한 결국 인간의 생각에 따른 것이라면?

'옳다/그르다'의 유일한 기준은 결국 인간의 행복을 극대화하는 것이라는 결론이 나와. 이런 맥락에서 벤담Jeremy Bentham 아저씨는 정의의 유일한 기준은 행복을 극대화하는 거라고 했어.

벤담을 비롯한 공리주의자는 공동체 혹은 사회란 실체가 없고 행복을 추구하는 개인만이 존재한다고 주장한단다. 쉽게 말해서 대한민국 정신 그런 것은 없고, 사회 속에 행복을 추구하며 살아가는 개인들만 존재한다는 거야. 따라서 공리주의자는 개개인의 행복의 합을 사회 전체의 이익으로 정의하게 돼. 사회적 이익의 합과 사회적 손실의 차이인 공리(功利)가 바로 정의의 기준이라는 거야.

전체의 이익을 기준으로 '옳다/그르다'고 판단한다면 통치자가 자기 맘대로 판단하는 일을 배제할 수는 있어. 산아 친구들을 생각해 봐. 음악이나 영화에 대한 취향이 다 다르지? 이 관점에서는 각각의 취향에

대해 도덕적인 판단을 하지 않고, 그냥 개인의 선택으로 취급하잖아.

그런데 전체의 이익을 기준으로 정당함을 판단하는 이 관점은 때로 심각한 문제를 가져오기도 한단다. 예를 들어볼까?

몇 년 전 우리나라에서 밀양시 산외면에 고압송전탑을 건설하는 문제를 둘러싸고 갈등이 발생한 적이 있어. 정부와 한국전력공사는 전력난을 해결하려면 송전탑 건설이 필요하다면서 사업을 밀어붙이고, 이를 반대하는 사람들을 집단이기주의자라고 비판했단다.

그런데 세계보건기구WHO는 2003년 고압송전선로 전자파를 발암물질로 분류했어. 실제로 장수마을로 유명했던 경기도 양주시 상촌마을에서는 고압송전탑 때문에 암으로 17명이 사망하기도 했지. 송전탑 건설로 인한 피해와 암 치료를 위해 지불하는 의료비용보다 송전탑 건설로 인한 사회적 이익이 크기 때문에 고압송전탑을 건설해야 한다는 주장을 옳다고 말할 수 있을까?

공리주의는 결국 국가와 사회의 전체 이익을 위해 개인의 권리와 이익을 희생하는 것이 바람직하다는 주장이잖아? 아빠 생각에는 독재자들이 주로 공리주의를 악용하는 것 같아. 독재자들은 대개 공익이나 국익을 앞세워 헌법이 보장하는 기본권을 무시하거든.

어떻게 보면 공리주의는 파시즘처럼 '목적이 수단을 정당화할 수 있다.'는 주장과 다를 바 없어. 좋은 게(이익이 큰 것이) 좋은 거(정의로운 것)라면서.

여기서 잠깐  What's up?

목적이 옳으면 만사 오케이?

산아는 '목적이 옳다면, 어떤 수단이든 정당하다.'는 주장을 들어본 적 있어? 이와 관련해서 몇 가지 질문을 할게.

조선 시대 3대 의적으로 불리는 홍길동(연산군 시대), 임꺽정(명종 시대), 장길산(숙종 시대)은 어떻게 평가할까? 부자들에게 재물을 빼앗아 가난한 자들에게 나누어 주는 일을 사회적으로 정당하다고 할 수 있을까?

부자 한 사람에게 10억 원을 빼앗아 1천 명에게 100만 원씩 준다면 보다 많은 사람의 행복이 증진될 뿐 아니라 사회적 이익도 커지거든. 그런데 이게 바람직할까? 만약 의적을 대신해 국가가 부자들에게 고액의 세금을 부과해서 가난한 사람들에게 나누어 주는 복지 정책을 추진한다면 마찬가지로 바람직할까?

판소리를 보려는 사람들이 별로 없는 반면, 도박을 즐기는 사람들이 많다면 판소리 공연장을 없애고 도박장을 늘리는 일이 바람직한 걸까? 어차피 행복을 극대화하는 것이 정의로운 거니까 말이야.

2019년 일본이 한국에 반도체 관련 소재를 수출 규제하면서 내세운 이유가 뭔지 알지? 한국 법원이 내린 일본의 강제징용 배상 판결 때문이잖아. 국내 보수진영에서는 이 판결이 잘못된 거라고 주장해. 국익을 위해서는 일본군 위안부 문제도 일본에 제기하면 안 된다고 하지. 과연 이 주장은 타당할까?

개인의 자유를 보장하는 것만이 정의로운 것?

인간의 권리와 자유보다 중요한 가치는 없기 때문에 정의의 기준이 '개인의 자유를 보장하는가, 그렇지 않은가'에 있다고 주장하는 사람들이 있어. 바로 사회계약론을 주장한 로크와 그의 입장을 발전시킨 사람들이야.

음, 미국이 영국으로부터 독립하려던 시기에 '패트릭 헨리'라는 사람이 있었어. 미국 버지니아 주 의회에서 이 아저씨는 이렇게 말했지.

"쇠사슬과 노예로 살아도 될 만큼 목숨과 평화가 중요한 겁니까? 나에게 자유 아니면 죽음을 주십시오."

나의 삶을 내 마음대로 할 수 없다면 아무런 의미가 없다는 거야. 사회 정의나 공익? 심하게 말해 그딴 것은 독재자나 좋아할 이야기라는 거지. 모든 개인은 자신이 원하는 것을 자율적으로 선택할 수 있어야 한다는 거야. 한마디로 개인의 자유를 유일하게 옳은 기준으로 보아야 한다는 주장이지. 쉽게 말해 이런 거야.

"내 삶은 내가 결정하는 건데 왜 다른 사람들이, 국가가 이래라저래라하는 거야? 그건 정의가 아니야!"

결국 정의로운 사회란 개인의 자유를 최대한 보장해 주는 사회인 거지. 산아와 같은 청소년기의 친구들이 이런 생각에 많이 동의할 것 같은데, 맞니?

산아야, 개인의 자유를 강조하는 입장 중에는 20세기에 새로운 옷을 입고 나타난 신자유주의 혹은 시장주의가 있단다. 이 주장은 시장

이라는 '보이지 않는 손'의 역할을 강조한 아담 스미스의 이야기에서 발전한 거야. 이들은 '시장만이 인간의 자유를 최대한 보장할 수 있다.'는 믿음을 가지고 있어. 우리나라의 보수진영은 이 논리를 수용하면서 시장 질서를 강조한단다. '우리 헌법은 자유민주주의와 시장자본주의를 천명하고 있고, 이는 대한민국의 최고의 가치'라고 주장하지.

시장에서는 다른 누구의 강제가 없어. '보이지 않는 손'인 '가격'이라는 잣대만 있지. 구매자는 시장에서의 가격보다 자신의 이익이 크다면 구매할 것이고, 판매자는 생산한 비용보다 가격이 크다면 판매할 거야. 구매할지 말지, 생산할지 말지는 누구의 의지가 아닌 개인의 자율적인 선택에 따르기 때문에 시장에서는 모두가 자유롭고, 거래하는 사람 모두가 이익이 될 수 있다는 생각이지. 누군가 시장에 개입해서 가격을 제멋대로 조작한다면 그것은 잘못된 거야. 만약 국가가 개입한다면 가격이 아닌 다른 기준에 따라 조정하는 셈이니까 이것은 잘못된 일이 되지.

신자유주의자들은 '시장에서의 결과가 좋을 수도 있지만, 나쁠 수도 있어good or bad. 하지만 스스로 선택했기 때문에 그 결과를 가지고 정의롭다거나 정의롭지 않다just or unjust고 말할 수는 없다.'고 주장한단다. 또한 '실업자 대책을 수립하라.'거나 '복지 정책을 추진해야 한다.'는 주장은 열심히 일하지 않은 사람들이 부자들을 시기해서 나온 이야기일 뿐이라고 말하지. 개미와 베짱이의 우화처럼, 여름에 '탱자~탱자~' 놀던 베짱이가 겨울이 되자 열심히 일한 개미에게 먹을 것을 달라는 상황과 똑같다는 거야.

이런 주장의 결론을 짧게 이야기한다면, 권력이 개입하지 않은 시장만이 인간의 자유를 최대한 보장할 수 있다는 거야.

그런데 말이야, 이 주장도 생각해 볼 게 많아. 지나치게 불평등한 사회조차도 정의롭다고 하거든.

시장 질서는 독과점과 빈부 격차, 사회 양극화를 만들어 내는 경향이 있어. 예를 들어 한국에서는 몇십 년 동안 재벌의 시장 지배가 문제시되었고, 요즘에는 가진 자의 '갑질'도 사회적으로 큰 문제가 되고 있어. 어떻게 보면 시장이 처음부터 공정한 기회를 보장하지 않아서 빈부 격차가 심화된 거야.

그런데도 이런 문제를 해결하려고 국가가 시장에 개입하는 일이 자유를 침해하기 때문에 바람직하지 않다는 주장은 과연 옳을까? 보호할 재산과 자유를 가진 사람들이 자신의 기득권을 유지하기 위한 주장에 불과한 것은 아닐까?

우리나라는 병원을 영리 목적으로 운영하는 것을 법으로 금지하고, 정부가 의료보험 서비스를 제공하고 있어. 그런데 이명박 정부 시절에 의료보험 서비스를 시장에 넘기고 영리의료법인을 허용하는 방향으로 제도를 바꾸려고 했어. 그 연장선에서 2018년 제주도 지사가 영리 목적의 병원 설립을 허가했지. 비록 외국인에 한해서 서비스를 제공한다는 조건을 걸었지만. 이는 의료 서비스를 시장에 맡기는 것이 옳다는 입장에서 추진된 정책이야.

의료 부문을 시장에 맡기는 것을 반대하는 사람들은 '감기에 걸렸는데 돈이 없어서 치료를 못 받아 폐렴에 걸려 죽게 되는 사회가 정의로운 사회인가?'라고 이야기해. 실제로 미국에서는 열네 살 소녀가 돈이 없어서 충치 치료를 못 받아 결국 죽음에 이른 사건이 있었어. 너무 예외적인 사례라고?

미국에서는 독사에 물리는 경우가 꽤 있는데, 치료비가 5천만 원 이상(이틀 동안 입원한 채로 치료받는 경우 1억 원 이상)이 든다고 해. 국가가 기본적인 의료보험을 제공하는 우리나라에서는 16만 원 정도 부담하면 치료받을 수 있는데 말이지.

시민의 생명과 안전을 위해 국가가 나서서 의료 서비스를 제공하는 것을 두고 개인의 자유와 시장 질서를 훼손하기 때문에 바람직하지 않다고 주장하는 게 과연 옳을까?

또 다른 예를 들어볼게. 자동차 영업사원 중에 차를 1대 판매한 사람과 10대 판매한 사람이 똑같은 월급을 받는다면 공정하고 정의롭다고 말할 수 없겠지? 시장에서의 결과는 누구에게는 좋고 누구에게는 나쁘지만 그것을 가지고 정의롭지 못하다고 할 수 없는 까닭이야.

하지만 도시 지역에서 일하는 사원이 농촌 지역 영업소에서 일하는 사원보다 차를 많이 팔아서 월급을 많이 받은 건 순전히 그 사람의 영업 능력이 높아서라고 말할 수 있을까?

마찬가지로 경찰관의 보수를 범죄 해결 건수를 기준으로 차등 지급하는 제도가 있다면? 우범지대에 근무하는 경찰관과 범죄 없는 마을에서 근무하는 경찰관의 보수는 꽤 많은 차이가 날 거야. 이런 결과를 두고 정의롭다고 말할 수 있을까? 능력이나 노력의 결과가 아니라 환경이나 운이 작용하는 한 이런 식의 대우는 공정하지 않잖아.

2016년에 국정농단 사건(박근혜-최순실 사건)이 있었지. 그때 정 아무개는 '부모를 잘 만난 것도 능력'이라고 말했어. 부모의 재산 크기가 스펙과 학벌을 결정하고, 어떤 직업을 갖고, 얼마만큼 벌지를 결정하는 게 당연하다고 주장한 거야. 그러나 인간이 태어나서 사회생활을 하는 데 처음 주어진 출발점을 자신의 몫이라고 말할 수 있을까? 자신에게 분배된 재산과 재능은 자신의 당연한 몫이 아니야. 거기에는 이미 가정환경과 사회 환경이 영향을 미치는 만큼 사회적인 것으로 보아야 하지 않을까?

이 모든 것이 사회적인 것이라면 개인의 자유를 넘어서는 사회적 기준이 별도로 필요하거든. 바로 사회 정의의 기준이 필요한 이유야. 물론 사회 정의의 기준은 속해 있는 집단에 따라 다를 수 있어. 마치 노르웨이에서 버스 기사의 월급이 대학교수의 월급보다 높은 것을 그 나라 사람들은 당연하게 받아들이는 것처럼.

자유주의자들이 개인의 자유를 주장하면서도 잊고 있는 게 하나 있는데, 자유는 '법이 보장하는 권리'이지 도덕적이고 윤리적인 기준에 따라 당연히 인정되는 개인의 권리가 아니라는 점이야. 사회 정의의 원리로 자유를 말한다면, 그것은 사회적으로 수용되고 인정되는 기준과 무관할 수가 없다는 뜻이야.

여기서 잠깐  What's up?

극단적인 자유주의

자유주의는 인간의 자유를 무엇보다 중시하는데, 자유를 위해서는 다른 누구든 개인의 선택에 개입해서는 안 된다고 이야기하거든. 이 관점에서 극단적인 주장도 나온단다. 다음 주장에 대해 산아는 어떻게 생각해?

철수 국가가 세금을 걷는 것은 열심히 일한 사람들에게 삥 뜯는 것과 같아. 시민들을 노예로 부리는 거야. 따라서 개인의 자유를 침해하는 조세 정책은 폐지되어야 해.

준표 먹고살기 힘들어서 콩팥을 하나 떼서 장기이식이 필요한 사람에게 팔려는 사람도 있어. 하지만 한국에서는 장기 매매가 법으로 금지되어 있어. 이것은 콩팥을 팔려는 사람의 선택을 제한하기 때문에 바람직하지 않아.

공정한 것이 정의로운 것

현대 사회는 서로가 옳다고 믿는 것이 모두 다른 다원 사회야. 어떤 삶이 좋은지에 대해 합의된 입장이 없지. 문제는 다른 가치관을 가진 사람들이 사회를 이루며 살고 있고, 이들 모두와 관련된 문제를 둘러싼 갈등을 해결할 기준을 찾아야만 한다는 거야.

이런 상황을 생각해 보자. 아빠가 케이크를 사 왔는데, 산아와 채원이가 서로 더 많이 먹어야 한다고 다툼이 생긴 거야. 산아는 "언니니까 더 많이 먹는 게 당연해."라고 주장하고, 채원이는 "저녁을 제대로 먹지 못했기 때문에, 내가 더 많이 먹는 게 당연하지."라고 주장하고 있어. 어떻게 분배해야 모두 수용할 수 있을까?

존 롤스John Rawls라는 아저씨는 이런 문제를 해결하려고 '공정성'이라는 기준을 제시했어. 예를 들면, 칼자루를 쥔 사람이 가장 마지막에 선택하는 거야. 자~, 산아가 자르기로 하고, 선택은 채원이가 먼저 하기로 정했어. 산아가 [그림 1]처럼 잘랐어. 채원이는 어떤 것을 고를까? 당연히 B를 고를 테고, 산아는 A를 받게 되겠지? 세 명이 나누는 경우는 어떨까? [그림 2]처럼 잘랐다면, 자른 사람은 A를 받게 되겠지? 합리적인 사람이라면 어떻게 자를까? 아마도 손이 덜덜 떨리겠지만 [그림 3]처럼 자르게 될 거야. 그 결과는 모두가 만족할 것 같은데?

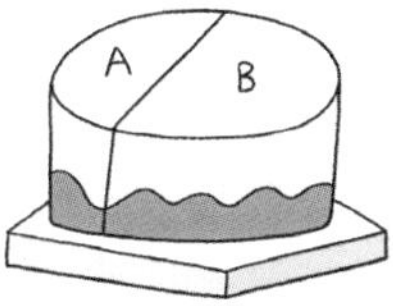

[그림 1]

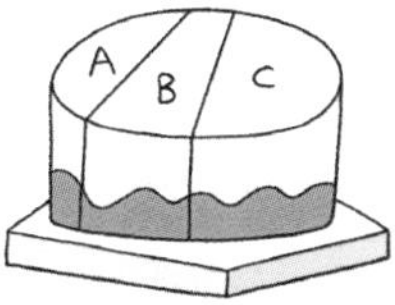

[그림 2]

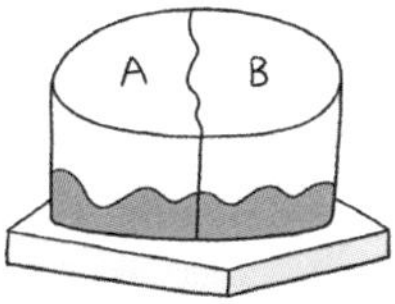

[그림 3]

이런 상황은 어떨까? 산아와 채원이가 영화를 같이 보기로 했어. 그런데 서로 보고 싶은 영화가 다른 거야. 혼자 보기는 싫고 같이 보아야겠는데, 이런저런 이유를 들어 자기가 보고 싶은 영화를 먼저 봐야 한다고 주장하는 거지. 둘 중 누군가가 '가위 · 바위 · 보' 삼세판으로 정하자고 하면? 아마도 산아와 채원이 둘 다 오케이할 것 같은데, 그 이유는 뭐지? 공정fairness하기 때문이야. 공정하다는 것은 사전에 정해진 바 없고, 누구라도 승자가 될 수 있고, 사후에 번복되지 않는 상황을 말해.

그렇다면 사회 문제를 결정할 때도 공정한 기준에 따른다면, 무엇이 옳다고 말하지 않으면서도 모두가 오케이할 것 같지 않아? 이게 바로 롤스 아저씨가 제시한 정의의 기준인데, 이 아저씨의 이야기를 들어볼까?

자유롭고 평등한 개인들이 만났어. 이들은 모두 합리적이고 이성적인 판단을 할 수 있는 사람들이야. 이런 사회에서 정의롭다는 것은 사회구성원 모두가 합의할 수 있는 기준을 뜻하겠지?

롤스 아저씨가 공정한 기준에 대해 말할 때는 국가 혹은 사회를 새로 만들기로 합의한 최초의 상태(원초 상태)를 가정하고 있어. 원초 상태란 예를 들어 우리나라에서 해방 이후 사회 운영을 위한 기본 규범을 결정할 제헌의회가 소집된 상황 같은 거야.

또한 모든 개인은 '무지의 베일veil of ignorance'에 가려 있어서 무엇이 자신에게 이익인지 판단할 수가 없어. 무지ignorance란 무식unknown하다는 게 아니라 결과를 알 수 없는 불확실한 상태에 있는 걸 의미해. 어떤 선택을 할 때, 그것이 내게 이익이 될지 손해가 될지 베일에 가려서 알 수 없는 상태가 바로 '무지의 베일'이야. 결과가 불확실하다면 사람들은 모험을 할까? 손해를 피하는 선택을 할까? 롤스는 사람들 대부분이 모험보다는 손해를 피하는 선택을 할 거라고 내다봤어.

왜 불확실성을 전제로 이야기하냐고? 예를 들어볼게. 요즘 가장 잘 나가는 아이돌 그룹의 콘서트 입장권을 파는 데 나이순으로 정한다면 어떨까? 혹은 무작위로 추첨해서 배부하기로 한다면?

첫 번째 경우는 누구에게 유리하고 불리한지가 이미 결정되어 있고, 두 번째 경우는 누구에게 유리한지 잘 알 수 없지? 어느 경우가 더 공정할까? 당연히 두 번째 경우라고 이야기하겠지. '가위·바위·보'로 정하는 것처럼 말이야.

롤스는 '모두가 평등하게 자유를 누릴 수 있어야 하며, 공정한 기회를 부여받아야 하며, 가장 불우한 사람의 몫을 제일 크게 분배하는 것'이 정의롭다는 결론을 내렸어. 이런 원리를 제시한 구체적인 이유가 궁금하다면, 다음 내용을 참고하렴.

여기서 잠깐  Dig Dig

롤스의 정의 원칙

현대 자유주의자로 불리는 롤스는 개인이 원초적인 상태에서, 자신과 타인에 대한 정보가 없는 '무지의 베일'에 가려진 불확실한 상황에 있다면, 아래와 같은 정의 원칙에 합의할 것이라고 주장했어.

첫째, 개개인은 기본적 자유를 최대한 누릴 평등한 권리를 가지며, 타인 또한 동일한 자유를 누린다. (평등한 자유의 원리)

둘째, 개인은 게임의 결과가 자신에게 불리하게 나올 경우에 대비하여 그 결과를 시정할 가능성을 남기는 원리에 합의할 것이다.

이러한 원칙에 따라 롤스 아저씨는 사회적 불평등이 이렇게 조절되어야 한다고 생각했지.

첫째, 사회 · 경제적 불평등은 모든 지위에 대한 기회균등이 공정하게 이루어진 조건에서만 존재해야 한다. (기회균등의 원리)

둘째, 가장 불우한 사람들의 편익이 최대화되어야 한다. (차등 조정을 위한 맥시멈Maximum 원칙)

롤스의 정의 원리에는 이렇듯 자유와 평등에 관한 원칙이 다 포함되어 있어.

첫 번째 자유 원리와과 관련해서 인도를 생각해 볼까? 인도는 영국의 식

민지 상태에서 독립한 후 처음에는 힌두교만 인정하려 했어. 그런데 불교를 믿는 집단과 이슬람을 믿는 집단이 반발했고, 결국은 국가가 분리되었지. 개인과 집단의 자율성을 인정하지 않으면 어떤 결정도 사회적으로 수용될 수 없음을 잘 보여 주는 사례야.

두 번째 원칙은 평등에 관한 건데, 조금 복잡해. 완전한 평등은 불가능하고 어떤 기준을 적용하더라도 불평등할 수밖에 없거든. 예를 들면, '모든 남자는 군대에 가야 한다.'는 기준은 남자들 사이에서는 평등하지만, 심장병이 있는 남자의 경우는 결국 죽으러 군대에 가야 한다는 말이 되니까 공평하지 않겠지.

또 '모든 국민은 1년에 주민세를 1억 원씩 내야 한다.'는 정책이 나왔다고 생각해 봐. 모두 같은 금액의 세금을 내는 거니까 언뜻 보면 공평하게 보이지만, 연봉 10억 원인 사람과 연봉 4천만 원인 사람을 비교한다면 너무나 불공평하잖아? 따라서 평등하다는 것은 그 사회에 사는 사람들이 수용할 수 있는 불평등인지의 문제로 귀결된단다.

대학에 응시한 두 사람이 있는데, '빽'이나 '돈'이 아닌 시험성적만으로 합격자를 가리기로 했어. 누구는 합격하고 누구는 불합격했지만, 그 결과는 모두가 수용할 수 있지. 이게 바로 기회균등의 원리야. 입시 비리나 채용 비리가 정의의 원칙에 어긋나는 이유고, 우리나라 시민들이 분노하는 이유지.

마지막으로 차등 조정을 위한 맥시멈 원칙이 있어. 세 사람이 분배 문제를 둘러싸고 게임을 한다고 가정해 볼까? 극단적인 상황까지 놓고 생각해 보자.

만약 부의 분배가 다음 표와 같이 이루어진다면 공리주의는 다른 건 따지지 않고, 전체 금액의 합이 제일 큰 <경우3>이 가장 좋다고 하겠지. 하지만 이런 결정이 사회적으로 수용될 수 있을까? 그래서 가장 적은 몫을 받는 사람의 이익이 그나마 제일 큰 <경우 2>가 가장 공정하다는 거야. 이게 바로 차등 조정을 위한 맥시멈 원칙에 따른 거지.

	철수	준표	재동
경우1	120만원	90만원	40만원
경우2	80만원	60만원	110만원
경우3	−200만원	1,000만원	50만원

그런데 롤스의 이런 주장에도 생각해 볼 점이 있어.

롤스는 그가 제시한 원칙을 인류의 보편적인 정의의 기준이라고 여긴단다. 하지만 조선 시대에 모든 인간은 자유롭고 평등하며, 인간이 갖는 기본적 권리를 모두 동등하게 인정해야 한다는 주장을 수용했을까? 서양에서도 이런 주장이 사회적으로 인정받기 시작한 건 얼마 되지 않아. 심지어 지금도 우리 사회에서는 인간이 평등하다고 주장하면 '좌빨-종북'이라고 매도하는 사람들도 있잖아? 다시 말해, 그의 정의 원칙은 시대나 사회를 초월한 보편적인 정의 기준이라고 할 수 없다는 거야.

옳은 것이란 사회적으로 인정되는 것

21세기를 살아가는 한국인에게 '모든 시민은 헌법이 보장하는 자유를 갖는다.'는 주장이 당연하게 여겨지지. 그런데 말이야, 당연한 듯 보이는 이 주장이 한 세기 전만 해도 통용된 건 아니었어. 심지어 요즘 한국 사회만 보더라도 이 말이 완전히 수용된 건 아니야. 레알~?

최근 우리나라에서는 양심적 병역 거부를 인정할지, 동성애를 인정할지를 둘러싸고 갈등이 점점 커지고 있어. 2018년 헌법재판소에서는 양심적 병역 거부를 인정하는 판결을 내렸고, 2019년에는 낙태죄는 헌법에 합치되지 않는다는 판결을 내렸지.

이런 판결에도 불구하고 논란은 여전히 잦아들지 않고 있어. 양심적 병역 거부는 종교의 자유와 관련되고, 낙태나 동성애 문제는 성적인 자기결정권을 인정할지와 관련되거든. 이런 권리를 주느냐 마느냐가 논란이 된다는 건 위 주장이 우리 사회에서 백 퍼센트 수용되지는 않았음을 보여 주지.

사실 자유주의자들이 말하는 '자유'는 한국을 포함한 동양에서는 없던 개념이야. 조선 시대까지 민people(民)이란 왕의 지배를 받는 자일 뿐이지, 자유로운 존재가 아니었거든. 그러니 자유연애라는 개념은 오죽했을까?

너무 오래전 이야기를 한다고? 그럼, 헌법이 보장한 집회의 자유를 이용해서 자신의 권리를 주장하는 사람들을 집단이기주의라고 매도하는 사건이 종종 일어나는데, 어떻게 생각해? 고압송전탑 건설 때문에 인근 주민의 건강권이 침해된다는 주장을 우리 사회에서는 어떻게 평가하고 있을까?

무엇이 옳고 그른지에 대한 판단은 사회적으로 공유한 기본적인 생각을 떠나서는 존재할 수 없어. 다시 말하면 공동체에서 통용되는 어떤 가치에 의존한다는 것이야. 이런 주장을 공동체주의라고 불러.

산아가 생각하는 행복한 삶과 이탈리아에 있는 한 고등학생이 생각하는 행복한 삶이 같을까? 분명히 다를 거야. 사람이란 사회적 관계 속에서 생각이나 가치관이 결정될 수밖에 없거든. 어떤 엄마, 어떤 아빠를 두었는지에 따라서 다르고, 학교에서 만난 친구가 누구였는지에 따라, 그리고 어떤 직업을 가지고 누구와 주로 만나는지에 따라 생각이 달라지지.

누군가 '사회적으로 무엇이 옳은가?'라고 묻는다면, 그 사회에 사는 사람들이 공유하는 가치관에 근거해야겠지.

그런데 말이야, 이런 주장도 무조건 옳다고 이야기하기는 힘들어. 예를 들어 어떤 사회가 있는데 모든 구성원이 인간을 제물로 바치는 일을 당연하다고 여긴다고 하자. 과연 이런 것까지 옳다고 이야기할 수 있을까?

여기서 잠깐  Dig Dig

사회 현상은 상호주관적 경험에 의해 해석된다?

철학 용어 중에 '구성construction', '상호주관성inter-subjectivity'이라는 단어가 있어. 무지무지 어렵게 느껴진다고?

'장님 코끼리 만지기' 우화 알지? 코끼리 다리를 만진 장님은 코끼리를 통나무라 이야기했어. 자기가 아는 통나무와 똑같다는 거야. 반면, 코를 만진 장님은 뱀이라고 했고, 귀를 만진 장님은 엄청 큰 부채라고 했지. 무엇이 코끼리의 실체이고 진실일까? 우리는 그 어느 쪽도 아니라는 사실을 알고 있지. 여기에서 아빠가 말하려는 요점은 인간이 사물을 판단할 때, 그 실체가 아니라 자신이 알고 있는 것을 대입시켜서 판단한다는 거야.

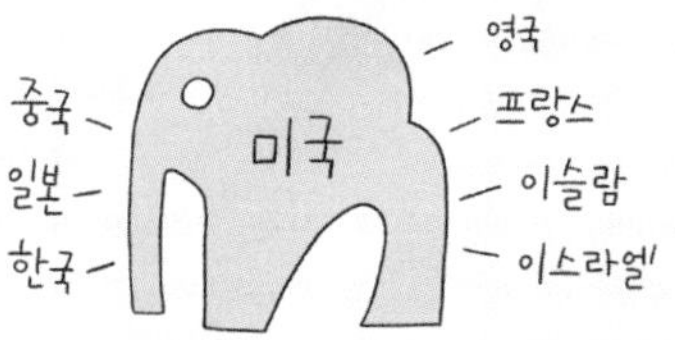

다른 각도에서 살펴볼까? 미국이라는 나라를 두고 한국인, 일본인, 중국인 모두 달리 이야기해. 중동에서도 이슬람 국가들과 이스라엘이 미국의 실체를 다르게 판단하지. 왜 그럴까? 역사적으로 상호 간에 형성된 경험을 통해 상대국을 달리 판단하는 거야.

어려운 말로 하면, 사회 현상에서 객관적 실체가 없다는 거야. 사회 현상은 상호주관적 경험에 의해 구성되거나 이렇게 구성된 개념에 의해 해석될 뿐이라는 뜻이지.

산아가 남친에게 장미꽃을 선물받았어. 남친은 사랑한다는 뜻을 전달하고 싶었겠지? 그런데 조선 시대라면 장미꽃이 어떤 의미가 있을까?

하나 더 예를 들어보자. 2월 14일에 산아가 남친에게 초콜릿을 선물했어. 그런데 2월 14일이라는 날짜에 객관적인 의미가 있을까? 2월 14일에 엄마가 아빠에게 초콜릿을 준 건 딱 두 번이야. 엄마는 아빠에게 초콜릿을 사 줘야 한다는 생각을 해본 적 없고, 아빠는 엄마에게 받아야 한다는 생각을 해본 적이 없거든. 2월 14일의 의미는 사회적으로 구성된 것이고, 그 의미를 공유할 때만 행동으로 이어지는 거지.

음~ 산아야, 사전적 의미로 보면 '민주주의는 국가의 모든 권력이 피플people에게 있는 정치체제'를 말하잖아. 그러면 전 세계 모든 사회에서 '피플'의 의미가 같을까, 아니면 사회마다 다른 의미로 구성되어 있을까?

프랑스인에게 피플은 '천한 것들'이라는 이미지로 구성되어 있다면, 영국인에게는 귀족이나 천민의 구분이 아니라 그냥 '사람human'의 의미가 강해. 그래서였을까? 프랑스는 민주주의를 쉽게 수용하지 못한 반면, 미국과 영국은 쉽게 수용할 수 있었어.

그러면 한국인에게 '피플'은 어떤 의미로 다가올까? 우리말로 '민초(民草)'라고 할 때, 민은 끈질긴 생명력이 연상되는 단어잖아. 긍정적 의미가 강하지.(피플을 개·돼지로 보는 이상한 사람들은 생각하지 말자.) 그래서 해방 이후 한국에서는 민주주의를 쉽게 수용할 수 있었어. 단, '피플'이 권력을 가지고 주요 정책을 결정하는 정치가 아닌, 사람들을 위하는 '위민(爲民)' 정치라는 의미로 말이야.

이런 상상을 해볼까? 수천 년 전에 중동의 한 마을에서 A와 B가 밥을 같이 먹는데, 동시에 트림이 나왔어. 둘은 눈빛이 마주쳤지.

"너도~~?"

"응, 나도~~!"

밥을 맛있게 먹으면 트림이 나오는 거라는 생각이 형성된 거야.

시간이 흐르고 흘러, "밥을 먹고 트림하기 있기? 없기?"라 물으면 "당연히 있기!"라는 생각이 퍼졌지. 다시 시간이 흐르고 흘러, "밥을 먹으면 트림을 해야 해. 그렇지 않은 인간은 뭔가 불만이 있는 거야."라는 생각도 형성되었어.

그래서 중동에서는 맛있는 음식을 대접받으면 "고마워!"라고 말해 봤자 소용없고, 트림을 꼭 해야 한대. 그런데 이 같은 행동을 미국에서 한다면? 분명히 무례한 놈이라 손가락질 받을 거야.

이처럼 우리가 아는 모든 건 객관적인 것이 아니라 구성된 것일 뿐이야. 이 말은 '무엇이 옳은 행동일까?' '어떤 제도가 좋은 제도일까?'라고 물을 때, 객관적인 기준은 존재하지 않고, 사회마다 다를 수밖에 없다는 거야. 즉, '정의가 무엇인가?'라 묻는다면, 시대마다 사회마다 다르다는 말이지.

그래서 정의가 뭐야?

우리는 지금까지 정의에 대한 다양한 기준을 들어보았어. 간단하게 정리해 보자.

'어떤 결정'을 사람들이 수용할 수 있을까? 첫째, 그 결정이 모두에게 이익이 되거나 모두가 옳다고 생각할 때일 거야. 둘째, 그 결정이 공평하고 공정하다고 생각될 때일 거야.

첫 번째 기준을 공동선common good(善)이라고 불러. 이는 옳은 것(義)일 수도 있고, '최대 다수의 최대 행복'으로 표현되는 전체의 이익(善)이 될 수도 있어. 두 번째 기준은 공정성justice이라고 부르지.

정의란 사회구성원이 옳다고 믿는 어떤 기준이나 원리라고 했잖아? 그런데 공유하는 가치관이 사라진 현대의 다원 사회에 적합한 정의 기준은 무엇일까? 결국 '누구의 판단에 의존할 것인가?'가 중요하지 않을까?

양심적 병역 거부에 대한 헌법재판소의 판단을 어떻게 봐야 하고, 이에 대한 국방부의 결정을 수용해야 할까? 트랜스젠더나 동성애자와 같은 성적 소수자의 권리를 허용해야 할까? 또 최저임금 인상에 대해서는 어떤 판단을 내려야 할까? 이렇듯 다양한 현대 사회의 이해관계와 가치를 통합할 하나의 가치라는 게 존재할까?

이 모든 문제에 대해 생각해 보면, 옳은 기준이 과연 무엇인가로 귀결되겠지. 모든 시민이 자유롭고 평등하다고 믿는다면, 그 결론은 '시민들이 수용할 수 있는가?'로 정해야 하지 않을까? 물론 신분제를 정당화하는 논리나 전체주의로 흐르는 주장은 제외해야겠지.

우리 사회를 살아가는 사람들 대부분이 수용할 수 있고, 옳다고 생각하는 그런 기준이 몇 가지 있긴 해. 자유나 평등, 공정성과 같은 가치가 바로 그거야. 이제 그러한 가치를 중심으로 이야기를 계속해 보자.

2. 자유

자유? 그게 뭔데?

인간이 '자신의 의지에 따라 행동할 수 있는 것'을 자유라 부른단다. 만약 내가 다른 사람의 뜻에 따라 살아야 한다면? 지금이 신분제 사회라면? '송충이는 솔잎을 먹어야 하고 왕후장상의 씨가 따로 있다.'는 믿음을 가진 사회라면 모를까, 현대인은 참지 못할 거야. '자유'라는 두 글자가 갖는 의미가 아주 크지.

자유롭다는 건 내가 먹고 싶은 것을 먹고, 내가 사고 싶은 것을 사고, 내가 하고 싶은 것을 할 수 있는 상태라고 할 수 있어. 어떤 이는 자유를 '외적인 간섭이나 장애가 없는 상태'라고 정의한단다. 쉽게 말해 자신의 판단에 대해 제삼자가 간섭하지 않는다면 자유로운 상태인 거지. 음, 일리 있는 말 같긴 해.

개인 간의 관계에서 내가 어디에 살든, 어떤 직업을 갖든 누구도 간섭해서는 안 된다는 거야. 헌법이 보장하는 거주 이전의 자유, 직업의 자유, 계약의 자유 등이 그런 거지. 어떤 물건을 고르든, 내가 소유한

재산을 어떻게 사용하든 그것은 소유자인 나의 권리야. 또 내가 어떤 종교를 믿고, 무엇이 옳다고 믿는지는 누군가의 강요로 결정되어서는 안 돼.

그런데 산아야, 자유를 간섭이 없는 상태라고 하지만 자유로운 상태가 어떤 것인지는 꽤 복잡한 문제란다. 어떤 행동을 할 자유가 있다는 건 자신이 이루려는 어떤 '목표'가 있을 때 의미가 있어. 그리고 자신 이외의 다른 누군가의 간섭이나 제약이 없어야 해. 그런데 이것만으로 자유롭다고 정의하기에는 뭔가 부족하지. 이런 경우를 생각해 보자.

자녀의 이런 결정은 정말로 자유로운 상태에서 내려졌다고 할 수 있을까? 겉으로는 아버지가 간섭하지 않는다고 하지만, 먹고살 능력이 없는 상태에서는 진정으로 자신이 하고 싶은 일을 선택할 수 없잖아. 그렇

다면 자유를 위해서는 자신이 추구하는 어떤 목표가 있고, 외부의 간섭이 없을 뿐 아니라 능력도 있어야 하지 않겠어?

그런데 말이야, 부모들은 왜 자기 자식의 선택의 자유를 인정하지 않으려는 걸까? 본인이 진정으로 원하는 일을 하는 게 가장 행복할 텐데 말이야.

여기서 잠깐 Dig Dig

자유에 대한 여러 생각

오래전에 본 영화지만 아직 기억에 남는 장면이 있어. 영화 <브레이브 하트> 마지막에 주인공이 죽으면서 "프리~~더~엄~~ "이라고 외치는 모습이 선명하게 떠올라.

유럽에서 개인의 자유가 권리로 인정된 시기는 시민혁명 이후부터야. 영국에서는 왕으로부터 시민의 권리를 인정받기 위해 오랜 투쟁을 벌인 후에야 '권리장전'과 같은 약속을 받아 냈어. 미국에서는 영국의 통치에서 벗어나려고 독립 전쟁을 일으켰고, 인간의 자유와 평등 정신을 담은 '독립선언서'를 발표(1776년)했는데, 이는 서구사회에 큰 영향을 미쳤어. 프랑스에서는 1789년에 왕의 폭압에 대항하는 프랑스 대혁명이 일어났지. 이런 일련의 사건을 시민혁명이라고 불러.

시민혁명 이후에는 시민의 자유가 확실히 보장되었을까? 자유민주주의를 외치는 미국만 하더라도 독립선언서에 인간의 기본 권리에 대해 천명하고 있지만, 사실 흑인의 권리가 인정되기까지는 200여 년 가까운 시간이 흘려야 했지. 여성도 마찬가지야. 영국에서는 1918년에, 프랑스는 1944년에, 스위스는 1971년에야 여성의 투표권을 인정했거든.

인간에게 자유를 부여하면 방종으로 흐르고, 사회는 혼란 상태에 빠질 거라는 생각은 2천여 년 전부터 있었어. 플라톤은 이성적 판단을 할 수 없는 평범한 인간(대중)에게 자율성을 주면 정치는 포퓰리즘에 빠질 거라고 경고했지. 마치 독일의 나치즘처럼 대중의 시기심과 광기가 자유를 파괴할 수 있다고 말이야.

반면, 마키아벨리는 시민의 자유의지가 지배하는 공화국에서만 시민의 자유가 보장된다고 생각했어. 더 나아가 로마가 제국으로 발전한 원동력은 바로 시민의 자유가 보장된 공화국을 이루었기 때문이라고 주장했지.

만약 인간이 눈앞의 이익만 추구하고, 무지하면서도 감정에 지배받기 때문에 제대로 판단할 수 없다면? 플라톤의 말처럼 이런 인간에게 자유를 주면 안 되겠지. 그런데 정말로 인간이 눈앞의 이익만 추구하며 서로 돕는 일은 불가능한 걸까? 두레나 품앗이만 보아도 그런 것 같지 않은데? 이성적인 인간이 따로 있고, 감정에 이끌리는 인간이 따로 있다는 주장에서 어떤 냄새가 나는 것 같지 않아?

한편 어떤 이들(자유주의자)은 자유가 인간의 본성이라고 주장하지. 자유는 바로 이성에 대한 복종이고, 인간이 자유로운 까닭은 인간이 이성을 갖고 있기 때문이라고 해. 아이고, 사람들 생각도 참 다양하지?

소극적 자유와 적극적 자유

이사야 베를린Isaiah Berlin이라는 아저씨는 자유를 '소극적 자유'와 '적극적 자유' 이렇게 두 가지로 나누었단다. 많은 쌤이 '국가로부터의 자유'를 소극적 자유로, '국가에로의 자유' 혹은 '나에게 빵을 달라고 할 수 있는 자유'를 적극적 자유라고 설명하실 거야.

음~ 좋은 팁 하나 알려 줄게. '소극적/적극적'이라는 수식어가 나올 때, 부정문으로 끝나면 '소극적'이라 하고, 긍정문으로 끝나면 '적극적'이라는 의미로 파악하면 돼. 예를 들어 공무원에게 '뇌물 받지 마!'라고 한다면 이 공직 윤리는 '소극적 윤리'라 부르고, '시민에 대한 봉사자로서 능력을 갖추고 행동해야 해.'라고 한다면 이 공직 윤리는 '적극적 윤리'라고 보면 되지.

그렇다면 소극적 자유와 적극적 자유란? 소극적 자유는 앞에서 이미 이야기했어. 즉 '내가 어디에 살든, 어떤 직업을 갖든, 누구랑 계약을 하든 간섭하지 마.'라는 의미의 자유를 뜻하지. 양심과 사상의 자유, 거주 이전의 자유, 직업의 자유, 계약의 자유 등을 말하는 거야. 한마디로 '간섭과 제약이 없는 상태'를 뜻해. 19세기까지만 해도 국가나 권력자가 개인의 삶에 개입하는 게 큰 문제였기 때문에 '국가로부터의 자유freedom from the state'가 중요했거든.

적극적 자유는 '내가 하고 싶은 것을 행동에 옮길 수 있는 상태self-rule(자율성)'를 뜻한단다. '누가 내 자신의 진정한 주인인가?' 이런 질문에서 비롯한 자유 개념이야. 잠깐 노예를 생각해 봐. 노예가 자유롭지 못하다고 말할 때, 그것은 주인의 뜻대로 행동해야 하기 때문이지.

그 말이 그 말 같다고? 아니야. 둘은 엄청난 차이가 있고, 심지어 두 개념은 양립할 수가 없단다. 예를 들어볼까?

조선 시대에는 솔거노비(率居奴婢)와 외거노비(外居奴婢)가 있었어. 솔거노비(주인의 통제와 통솔을 받는 노비라는 뜻)는 주인집에서 사는 노비이고, 외거노비는 주인집 밖에서 거주하는 노비야. 이런 상상을 해보자.

조선 후기, 어느 마을에 개똥이라는 노비가 있었어. 어려서부터 주인집에서 노비로 자랐고, 열심히 일했지. 개똥이가 스무 살이 넘은 어느 날, 주인이 불렀어.

"개똥아~, 지금까지 고생 많았다. 너, 밤골마을 알지?"

"예!"

"그 입구에 초가집 한 칸이랑 땅 열 마지기 마련해 두었다. 콩 심든 팥 심든 너 알아서 하고, 수확의 절반을 내게 바치거라~."

개똥이는 외거노비가 된 거야. 외거노비는 소작농과 별 차이가 없어서 열심히 일한다면 일반 농민 못지않게 살 수 있었어. 먹고사는 데 지장 없지, 주인 눈치 안 보고 하루하루 살아갈 수 있지, 얼마나 좋아.

여기에서 잠깐, 그러면 개똥이는 자유를 얻은 걸까? 소극적 자유라는 기준을 적용하면 자유롭다고 할 수 있어. 주인의 간섭을 받지 않으니까. 하지만 정말로 자유로운 걸까? 적극적 자유의 기준을 적용하면

자유롭다고 할 수 없거든.

내게 자유를! 어떤 자유?

적극적 자유에 대해 조금 더 알아볼까? 내가 원하는 대로 행동할 때, 자유의지에 따라 나의 모든 것을 결정할 때의 자유를 적극적 자유라고 했잖아.

그러면 사회 속에서 적극적 자유는 어떻게 보장될까? 여러 사람이 어울려 살아가는 사회에서는 사람들의 행동을 규제할 필요가 생기지. 예를 들면, '다른 사람에게 혐오감을 주는 이런저런 행동은 안 된다.' '자동차는 차선을 지켜야 하고, 인도로 다니면 안 된다.' '쓰레기 처리는 이렇게 해야 한다.'와 같은 규제 말이야. 또, '도촬을 해서는 안 된다.' '사람들 간에 계약을 맺을 때는 이러저러한 내용은 안 된다.'와 같은 규제도 필요해. 이런 규칙은 누가 정해야 할까?

루소와 같은 민주주의자나 현대의 공동체주의자는 자유를 '자기지배'라고 정의해. 인간의 행동을 규율하는 법규범을 그 국가의 시민이 정할 때, 시민은 진정한 의미의 자유인이 된다고 주장한단다. 인간의 행동을 규율하는 법과 제도를 누군가가 정해 놓고 지키라고 한다면, 그 사회구성원은 자유가 없기 때문이야. 그래서 헌법이 보장하는 참정권이 바로 적극적 자유의 핵심이 되지. 그러고 보니 적극적 자유를 '국가에로의 자유'라고 하는 이유가 여기에 있겠구나.

노예는 주인이 정한 대로 따라야 하지만, 주인은 행동의 규율을 스스로 정할 수 있는 사람이야. 여기에 주인과 노예의 차이가 있지. 내가 정한 것을 내가 지키는 거야. 이것을 로마법에서는 '자기결정 원리'라 부르고, '모두와 관련된 것은 모두에 의해 결정되어야 한다.'는 원칙을 두었지.

이러한 적극적 자유를 중시하는 사람들은 '분배의 평등'을 당연한 권리로 주장하게 된단다. 이런 상상을 해볼까?

고대 그리스 아테네에서 민회가 열리는 어느 날, 민회 입구에서 친구 사이인 아우구스투스와 브루투스가 만났어. 알기 쉽게 약간은 현대적으로 각색해 보자.

야, 너 정말 오랜만이다.
그래, 반갑다.
왜 이렇게 보기 힘들어, 인마. 근데, 너 요즘 직장을 잃었다면서?
그 이야기라면 꺼내지도 마. 그렇지 않아도 힘들어 죽겠으니까.
야
그러지 말고. 잠깐 저리로 가자.
...
오늘 민회에서 내가 '000 사업'을 제안할 거야. 그때 네가 나서서 지지 발언을 해주면 1년 동안 매달 100만 원씩 줄게.
정말?
못 믿겠으면, 계약서 바로 쓰자.

민회에서 브루투스가 아우구스투스의 제안대로 발언했다면, 브루투스는 자유의지에 따라 행동했다고 할 수 있을까? 부의 불평등이 극심한 사회에서는 이 불평등이 정치적 불평등으로 이어지고, 사실상 자유를 침해할 수밖에 없어.

그래서 루소는 극심한 불평등이 없는 사회여야 자유가 보장되고, 민주주의도 작동할 수 있다고 주장했지. 다만 완전한 평등은 유토피아에 불과하기에, '너무 가난한 사람이 없고, 엄청 부자인 사람이 없는' 정도의 평등, 소위 '갑질'하는 사람이 없는 정도의 평등을 주장했단다. 누구나 살아가기 위한 최소한의 조건을 갖춘 정도의 평등이라는 뜻으로 '조건으로서의 평등'이라고 하지.

앞에서 나온 부모와 자식 간의 대화에서 자유는 능력이 뒷받침될 때 의미가 있다고 했지? 바로 이런 맥락에서 나온 말이야.

자, 혹시 길 가다가 이런 광고를 본다면 어떨까?

"당신도 람보르기니를 살 수 있어요. 아무도 말리지 않아요."

"당신도 타워팰리스에 살 수 있어요. 당신의 자유예요."

열 받지 않니? 선택에는 자유가 있다지만, 돈이 없으면 아무 의미가 없는 게 자유가 아닐까?

여기서 잠깐 생각해 보자. 적극적 자유는 상당한 정도의 경제적 평등을 요구하기 때문에 부의 재분배를 주장하게 되잖아. 그러면 부자의 재산권을 침해할 수밖에 없겠네? 그렇지. 이 점 때문에 소극적 자유를 중시하는 사람들은 적극적 자유와 소극적 자유는 양립할 수 없다고 이야기해.

소극적 자유를 중시하는 사람들은 이런 말도 한단다. 적극적 자유에서는 자신이 행동의 기준을 정했지만, '그 기준이 인간의 행동을 제약하기 때문에, 자유롭다고 말할 수 없다.'고 주장해. 무슨 소리냐고?

누구의 간섭도 없어야 하고, 선택에 어떤 제약도 없어야 자유롭다고 했지? 하지만 적극적 자유에서는 내가 정했기 때문에 그것을 지켜야 하잖아. 그러니까 '제약'이 있는 거잖아. 오히려 자유가 없다는 거지.

소극적 자유를 중시하는 입장에서도 평등을 거부하지는 않아. '인간은 평등한 존재이고, 모든 인간은 동등한 자유를 누릴 권리가 있다.'고 주장하거든. 이때 평등은 부의 공정한 분배라는 뜻이 아니라, 법 앞에서의 평등, 똑같은 기회가 보장되는 평등을 뜻한단다. 이런 의미의 평등을 '기회의 평등'이라고 하지.

우리 사회에서 보수주의자들은 '진보와 빨갱이는 평등을 주장하고, 보수는 자유를 주장한다.'고 자꾸 말하지만 이건 옳지 않아. 서양에서는 플라톤부터 현재에 이르기까지 자유와 평등을 모두 이야기해 왔고, '어떤' 자유와 '어떤' 평등인가를 따져 왔거든.

정확히 말해서 '자유주의'는 소극적 자유와 기회의 평등을 주장하고, '민주주의'는 적극적 자유와 조건의 평등을 주장한단다. 과연 어떤 주장이 더 타당할까?

3. 평등

평등? 그게 뭔데?

'인간은 모두 평등하게 태어났다.'는 말은 많이 들어봤지? 이 말은 다시 '인간을 차별하는 건 정의롭지 못하다.'라는 주장으로 이어지지. 그래서 '평등'은 '정의'의 다른 이름으로 사용되는 경우가 많단다.

우리나라에서는 1980년 전두환 정부가 '정의 사회 구현'을 국정 지표로 내세웠는데, '정의 사회'란 분배의 정의를 달성한 사회라는 의미란다. 그 실제 내용이야 어찌되었든 '선 성장/후 분배'를 내세운 당시 정부가 처음으로 '평등'의 가치를 공식적으로 내세운 거야. 또, 2008년에는 이명박 전 대통령이 8·15 경축사에서 '공정 사회'를 강조하기도 했어.

응? 헌법에서도 평등 원칙을 천명하고 있다고? 맞아. 우리 헌법은 '모든 국민은 법 앞에 평등하다. 누구든지 성별·종교 또는 사회적 신분에 의하여 정치적·경제적·사회적·문화적 생활의 모든 영역에 있어서 차별을 받지 아니한다.'고 적고 있지. 특수계급이나 특권도 인정하지 않는다고 쓰여 있고.

그런데도 우리 사회에서는 평등을 강조해서 이야기하면 '좌빨-종북'이라는 딱지를 붙이는 경향이 여전히 남아 있어. '인간은 평등하다.'고 하면서도 '평등한 사회'를 요구하면 왜 이렇게 날을 세워 비판하는 걸까?

먼저 일상생활에서는 어떤 경우에 '평등'이란 말을 사용하는지 생각해 보자. 이런 말을 하거나 들을 때가 있지.

"이번 축구 경기에서 심판의 판정은 공정하지 못했어!"

"이번 수행평가는 불공정했어!"

"이건 공평하지 않아!"

이런 말들은 자신이 받을 만큼 받지 못했을 때, 즉 '부당한 대우'를 받았을 때 하는 표현이야.

축구 경기에서 승자와 패자를 가르는 편파 판정이 없었다면, 수행평가에서 누군가에게 더 많은 점수를 주려고 쌤이 일부러 봐주지 않았다면, 즉 어떤 결정이 한쪽으로 치우치지 않았다면 공정하다고 할 거야. 마찬가지로 영업사원이 실적에 따라 월급을 받는다고 해서 공정하지 않다고 말하지는 않지.

그런데 반장 선거나 국회의원을 뽑는 선거에서 누구에게는 투표권을 1표만 주고, 누구에게는 3표를 준다면 불공평하다고 난리 날 거야. 왜 어떤 때는 똑같지 않아도 공평하다고 하면서, 어떤 때는 똑같아야 공평하다고 할까?

서양에서는 '각자의 몫은 각자에게로!'라는 로마의 격언에 따르는 게 공평하다고 생각해 왔단다. 이 기준에 따르면 '똑같이 받아 가는 것', '각자의 가치에 따라 받는 것', '능력이나 업적에 따라 분배받는 것', '노력에 따라 분배받는 것', '필요에 따라 분배받는 것' 모두 공평하다고 할 수 있어.

상황에 따라 평등의 뜻이 달라지는 건가? 뭔가 일관된 기준이 있어야 할 것 같은데? 그래서 나온 기준이 '같은 것은 같게 대우하고, 다른 것은 다르게 대우하는 것'이란다. 예를 들어보자.

"남자라면 누구나 군 복무 의무를 다해야 해."라는 주장은 모든 남자를 공평하게 대우하는 거지만, "따라서 심장병이 있는 사람도 군 복무를 해야 해."라고 주장한다면 어떨까? 심장병이 있는 사람은 죽음을 무릅쓰고 군대에 가야 해. 그러니까 이럴 때는 심장병이 있는 사람에게 군 복무 의무를 면제해 주는 게 더 공평하지.

'모든 국민은 1년에 1천만 원의 주민세를 내야 한다.'는 법이 제정되었다고 해볼까? 모두 똑같이 대우하는 거니까 평등해 보이지만, 1년에 2천만 원을 버는 사람과 100억 원을 버는 사람 모두에게 공평하다고 할 수 있을까? 이건 아주 불공평한 거야.

반대로, 부자에게 적용하는 세율과 가난한 사람에게 적용하는 세율을 달리하는 '누진세'는 달리 대우하니까 불공평하지만, '다른 것은 다르게 대우'하는 거니까 공평하다고 할 수 있어.

투표권은 어떻게 배분하는 것이 옳을까? 이때는 '같은 기준'을 적용해야 공평하다고 하겠지.

아하, 그렇다면 '동일한 상황에서 다른 기준을 적용하는 것은 공평한 게 아니다. 그리고 다른 상황인데 같은 기준을 적용하는 것도 공평하지 않다.'는 결론이 나오네.

그런데 평등이라는 개념 안에 불평등함이 담겨 있는 것 같지 않아? 누진세가 공평하다는 건 부자와 가난한 사람의 처지가 다르니까 다른 세율을 적용하기 때문이잖아. 하지만 누진세가 부자에게는 불공평한 제도이긴 하지. 반면 모든 시민이 1년에 1천만 원의 주민세를 낸다면 똑같이 대우하는 거니까 공평하지만, 가난한 사람에게는 불공평한 제도가 되고.

평등하니깐 불평등하다? 평등이라는 단어 자체가 모순적이구나! 그래서 정치권에서는 '평등'이라는 말만 나오면 치고받고 싸우는지도 모르겠다.

완전한 평등은 현실에서 가능할까?

다산 정약용은 이상적인 토지 제도로 중국의 주나라 '정전제(井田制)'를 제시했단다.

정전제는 [그림 1]처럼 토지를 '정(井, 우물 정) 자'처럼 9개로 나누어 여덟 가구에 똑같이 나누어 주는 거야. 각 가구는 자신에게 배분된 토지를 경작하고 먹고사는 거지. 한가운데에 있는 토지는 마을 공동의 목적을 위해서만 이용하는 거야. 완전히 평등한 사회라 할 수 있어.

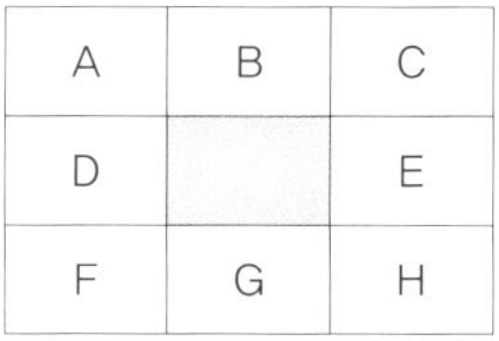

[그림 1]

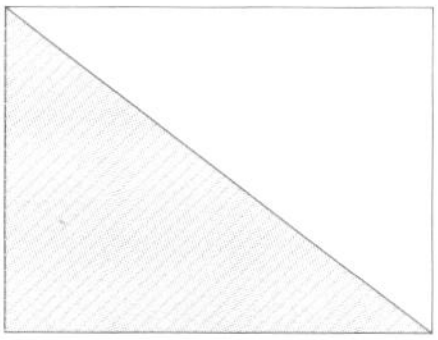
[그림 2]

그런데 어느 해 가을, 메뚜기 떼가 [그림 2]의 빗금 친 부분만 휩쓸고 지나갔대. 빗금 친 토지를 받은 집들은 다음 해에 쫄쫄 굶을 수밖에 없고, 반쯤 걸친 A와 H네 집은 아마 이틀 걸러 한 번씩 굶게 되겠지. 땅이 넓지 않은 우리나라에서도 가뭄이나 홍수 피해가 특정 지역에서 더 심하게 나타나잖아.

이렇듯 아무리 평등하게 분배한다 해도 현실에서는 불평등한 결과가 나올 수밖에 없는 거야.

이런 상상을 해볼까? 해방 이후 정부가 모든 가정에 돈을 똑같이 분배한다고 발표했다고 하자. 그랬더니 4인 가족과 10인 가족을 달리 분배해야 한다는 주장이 나왔어. 그래서 1인당 얼마씩 분배한다고 발표했어. 그랬더니 성인 3명인 가정과 성인 2명과 갓난아이 1명인 가정은 다르지 않냐는 주장이 나왔어. 그래서 가중치를 부여해서 분배하기로 바꾸었어. 하지만 아무리 평등한 분배를 하더라도 몇 년이 지나면 부의 격차가 생길 수밖에 없겠지. 과연 현실에서 완전한 평등은 가능할까?

그래도 어떤 결정을 내려야만 하잖아. 그 결정을 두고 누군가는 불공평하다며 반박할 텐데, 어떻게 해야 할까?

이런 기준을 찾는 건 어떨까? '그 불평등이 정의의 기준에 비추어 보았을 때 용인할 수 있는가?' 혹은 '사회적으로 수용할 수 있는 불평등인가?'라는 질문을 던지고, 그 답변을 통해 정의로운 기준을 찾는 거야. 예를 들어볼까?

수능이 끝난 후 누구는 SKY에 합격했고 누구는 그렇지 못했어. 그 결과를 두고 불평등하다고 이야기하지는 않지. 그러면 대학입시에서 '부모의 빽'으로 SKY에 합격한 사람이 있다면, 그 결과를 평등하다고 이야기할 수 있을까? 이것은 우리 사회에서 수용될 수 없을 거야.

여기서 잠깐  What's up?

여자도 군대에 가야 평등하다고?

여성에게도 군 복무 의무를 부과해야 평등하다는 주장이 있어. 이 주장을 들어봤다고?

우리는 이 주장에 대해 판단할 때 '남녀에게 취업의 기회를 똑같이 부여하는 것이 옳다.'와 같이 '동일한 기준'을 적용할지, '(육아 휴직 말고) 출산 휴가를 남성에게 부여하지 않는 건 평등 원리에 어긋나지 않아.'와 같이 '다른 기준'을 적용할지 고민할 필요가 있어.

현재 세계적으로 여성에게 군 복무 의무를 부과한 국가는 거의 없어. 양성평등을 강조하는 선진국은 어떨까? 최근에 네덜란드, 노르웨이, 스웨덴이 여성에게 군 복무 의무를 부과하기 시작했어. 이 세 나라의 사례를 가지고 모든 선진국에서 여성에게 군 복무 의무를 부과하고 있다고 이야기하는 사람들도 있단다.

어쨌든 '여성에게 군 복무 의무를 부과하자.'는 주장에 대해 네 생각은 어때?

모두를 똑같이 대우하는 것이 공평한 거야

학자들은 평등을 절대적 평등equality과 상대적·비례적 평등equity으로 구별한단다. '절대적 평등'은 동등하게 대우하는 것sameness으로 완전한 평등을 지향한다면, 상대적 평등은 '같은 것은 같게, 다른 것은 다르게' 대우하는 것을 뜻해.

'절대적 평등'을 중시하는 이들은 어떠한 이유로도 인간을 달리 대우해서는 안 된다고 이야기하지. 흔히 불평등의 근거로 내세우는 인종이나 성별, 능력의 차이는 인간의 본성을 결정짓는 핵심적인 요소가 아니라 우연적인 요소나 인위적인 기준에 따라 결정돼. 그러니까 인종이나 성이라는 '자연적 차이'가 '사회적 차별'을 정당화할 수는 없다는 주장이지.

나의 판단으로 선택한 결과가 문제가 되는 경우 내 책임이지만, 내가 선택할 수 없는 것들 때문에 차별 대우를 받는 건 말이 안 되잖아? '어느 나라에서, 어느 지역에서 태어났느냐?'라는 우연성이 사회에서의 성공과 실패, 소득의 크기, 그리고 기회나 권력의 정도를 결정하는 건 불공평하지. 하지만 '절대적 평등'의 원칙이 소득 분배에 적용된다면 여러 부작용을 낳을 수 있어. 부지런히 일하든 게으르게 일하든 소득이 다 똑같다면 누가 열심히 일하려고 하겠어?

또한 거주·이전의 자유, 직업의 자유, 투표권 등에 대해 절대적 평등을 적용하는 건 크게 문제되지 않겠지만, 직업의 자유를 모두 똑같은 직업을 가질 자유로 해석하는 순간 획일화되어 버리겠지? 게다가 사람들이 다 똑같은 직업을 원하지도 않고 말이야. 만약 평등을 획일성으로 해석하게 되면 개인의 자유는 모조리 사라질 거야.

능력이나 기여도에 따라 대우하는 것이 공평한 거야

'상대적 평등'은 각자의 능력이나 기여도 등에 따라 분배받는 것을 말해. 이를 '응당 받아야 할 몫'이라는 뜻으로, '응분성desert(응분의 몫)'이라고 표현하기도 한단다.

상대적 평등은 '같은 것은 같게, 다른 것은 다르게' 대우한다는 의미에서 '비례적 평등'이라고도 불러. 만약 여러 사람이 하루에 같은 양의 물건을 생산했다면 같은 수당을 주는 건 공평하고, 생산하는 물건의 양이 다르다면 수당을 다르게 지급하는 게 공평하다는 뜻이야. 축구선수나 야구선수의 연봉이 실력에 따라 다르고, 인기 있는 가수가 인기 없는 가수보다 돈을 많이 버는 것도 당연한 일이지.

자동차를 1대 판매한 영업사원과 10대 판매한 영업사원에게 똑같은 보수를 지급하는 걸 두고 공정하다고 할 수 있을까? 이런 식으로 보수

를 준다면 무능한 사람을 위해 능력 있는 사람을 착취하는 일과 다름없지 않아? 그렇다면 그 누구도 열심히 일하지 않겠지.

'상대적 평등'을 중시하는 사람들은 사회 속에서 불평등을 시정하려는 노력을 깎아내리기도 한단다. '열등한 인간들을 즐겁게 하려고 뛰어난 능력을 지닌 사람들을 끌어내리는 짓에 불과하다.'고 말하지.

'상대적 평등'은 곧 '법 앞에서의 평등과 형식적 평등'을 뜻하고, 현실에 존재하는 실질적 불평등을 정당화하는 기득권의 논리에 불과할 수도 있단다. 소극적 자유와 적극적 자유에서 했던 이야기 생각나지? 사실 기여도와 재능을 강조하는 주장은 신분제를 정당화하는 논리로 사용되기도 하거든.

아빠는 '응분', 즉 업적이나 재능이라는 기준이 주관적일 수 있다는 점에 주목하고 싶어.

재능은 어느 정도는 타고난 거야. 예술적 재능을 모든 사람이 갖는 건 아니잖아? 이런 재능과 노력이 업적을 좌우할 수도 있지만, 현실에서는 꼭 그렇지도 않단다.

예를 들어 농부가 정말 열심히 농사를 지었지만 극심한 가뭄이 들어서 작물이 모두 말라 죽어 버렸다면 어떨까? 수공업자가 물건을 잘 만들어서 시장에 내놓았지만, 경제 사정이 안 좋아서 물건이 안 팔릴 수도 있잖아?

반면 이런 일도 있었단다. 2008년 미국에서 금융 위기가 발생했고, 미국의 금융 기관들은 적자를 냈지. 하지만 직원들의 월급을 삭감하지 않고, 오히려 미국 정부가 지원해 준 자금으로 직원들의 성과급을 올려 주었단다. 그 후 경제가 회복되고 적자 폭이 줄어들자 적자를 줄였다는 명목으로 직원들의 월급을 또 올렸어.

또 다른 예를 들어볼까? 우리나라는 2002년경부터 파출소 지구대장의 업무 성과를 범죄 발생률 등을 기준으로 평가하여 보수를 조정하고 있어. 경찰관 월급도 성과에 따른 평가를 적용한 거야. 좋은 제도라고 할 수도 있겠지? 그런데 범죄 없는 마을에서 근무하는 경찰관은 자신의 재능이나 노력과 무관하게 성과가 높게 나올 거야. 반면 우범지대에 근무하는 경찰관은 종일 뺑이 치고도 점수가 깎이고 월급도 깎일 수 있단다. 경찰관의 업무 성과는 대체 무엇을 기준으로 평가해야 할까?

아빠는 기여도(업적)에 대한 판단 기준이 객관적이지 않고 정확하지 않다는 점을 지적하는 거야. 노르웨이에서는 시내버스 운전사의 기여도를 대학교수의 기여도보다 높게 평가한다고 했잖아?

그러면 소방관의 업적은 어느 정도로 평가해야 할까? 1년 내내 불이 나지 않은 마을에서는 소방관이 한 일이 없으니까 보수를 지급하지 말까? 전쟁이 일어나지 않으면 군대는 필요 없는 걸까? 군대가 하는 일 중에서 전쟁을 방지하는 기능이 가장 중요하다면, 그 기여도는 얼마로 평가해야 할까? 객관적 기준을 적용하기 힘들다는 말은 누군가의 자의적(주관적) 판단이 개입할 수 있다는 뜻이거든.

최소한의 삶의 조건을 보장해 주어야 공평한 거야

인간을 모두 동등하게 대우해야 한다거나 능력에 따라 대우해야 한다는 두 주장과는 달리 '필요need'라는 제3의 기준이 있어. 생존에 필요한 만큼의 수입이 안 되는 이들에게 생계보조금을 지급하듯이 최소한의 소득을 보장해 주는 걸 말해.

춘궁기에 곡식을 빌려주고 추수가 끝나면 갚게 하는 고구려의 진대법이나 고려 시대의 흑창과 의창은 '필요' 원리를 적용한 제도라 할 수 있어. 지금 우리 사회에서 시행되는 '국민기초생활보장법'도 마찬가지로 이 기준에 따른 거야.

'필요' 원리를 중시하는 사람들은 '능력이라는 기준만 적용하는 사회는 불안정해져서 무너질 수 있다.'고 주장한단다. 능력에 따른 분배는 지나친 빈부 격차, 즉 사회 양극화를 초래할 수 있거든. 그 결과는 우리 역사에서도 종종 일어난 민란과 같이 혼란한 상황으로 이어지고 말이야. 따라서 '필요' 기준은 '운'이나 '우연성'이 미치는 효과를 교정하는 요소이지.

물론 '필요' 기준에 대해 비판하는 사람들도 있어. 이 기준을 실행하려면 일정 정도의 소득 재분배가 필요하겠지? 소득 재분배를 하려면 재원이 필요한데, 그 재원은 대개 부자들이 낸 세금에서 나올 테고 말이야. 그래서 시장의 자유를 중시하는 시장주의자나 신자유주의자는 '사회나 국가가 일방적으로 사람들에게 제공해 주는 건 누군가의 재산을 빼앗아 넘겨주는 것이라 부당하다.'고 말한단다.

왜 평등이 논란이 될까?

우리 사회에서 평등과 공평성은 끊임없이 논란이 된 주제였어. 하지만 '평등 · 공평성의 의미가 무엇인가?'에 대한 본격적인 논의는 2008년 이명박 전 대통령이 8·15 경축사에서 '공정 사회'를 제시하면서 시작되었다고 볼 수 있어. 그전까지는 '평등'을 피상적으로만 이야기했거든. 그러다가 2010년대에 '무상급식' 문제가 불거지면서 급기야 이념 논쟁으로 번졌단다.

2012년 대통령 선거에서는 진보와 보수진영의 모든 대통령 후보가 기회 평등을 뛰어넘는 실질적 평등을 위한 정책을 담은 '경제민주주의의 실현'을 공약으로 내걸었어. 그런데 박근혜 후보는 당선된 이후에 자신이 말한 '경제민주주의'는 부의 공평한 분배를 추구한 게 아니라, 공정한 경쟁을 의미한다고 말을 바꾸어 버렸지.

대체 왜 평등 문제가 자꾸 불거질까? 평등이 어떤 내용을 담고 있길래? 평등은 인간의 존엄 · 권리 · 인격 · 가치 등에서 차별이 없는 상태를 추구하는 거야. 평등 · 공평성의 문제는 모든 사람이 존엄성을 지닌 존재로, 본질적으로 혹은 자연적으로 평등하다는 인식에서 출발하지.

신분제를 인정한 전근대 사회에서는 평등을 인간의 당연한 권리로 인정하지 않았어. 하지만 시민혁명 이후 '인간은 그 생김새나 선호, 특정 영역에서의 능력 등에서 차이가 존재하지만, 인격적으로 달리 대우할 그 어떤 이유도 없다.'는 평등의 원칙을 점차 수용하기 시작했지. 다시 말해 '누군가가 다른 사람보다 더 뛰어나다고 말할 근거는 없으며, 민주주의와 평등의 원리는 사회를 구성하는 기본 원리여야 한다.'는 주장이 통하기 시작한 거야. 이 말 속에는 정부가 어떤 결정을 내릴 때 '그 사회에 속한 모든 사람의 가치와 이익을 동등하게 고려해야 한다.'는 의미를 포함하고 있어. 너무 추상적인가? 좀 더 구체적으로 살펴보자.

먼저, 윤리적인 기준에서 평등을 생각해 볼까? 가끔 우리는 뉴스에서 '갑질' 사건을 접하면서 이런 생각이 들곤 하지. 누군가 다른 이에게 갑질을 해대는 게 과연 옳을까? 다 같은 인간인데 대체 왜 그럴까?

우리 사회에서 실제로 벌어진 사건인데, 백화점 주차장에서 그 백화점의 VIP 고객이 주차보조원에게 무릎을 꿇으라고 한 적이 있어. VIP 고객은 대체 무슨 권리가 얼마나 대단하기에 이런 요구를 할 수 있을까? 또 다른 예도 있지. 어떤 재벌 총수는 10만 원짜리 수표를 던지면서 골프채로 노동자를 때린 적도 있어. 어떤 대기업의 중역은 회의 중에 마음에 들지 않는다며 부하 직원을 향해 물컵을 던지기도 했어. 대체 무슨 권리로 그럴 수 있을까?

인간은 똑같이 태어나지는 않았지만, 그것이 사회적으로 다르게 대우해야 할 이유가 되지는 않아. 돈이 많다고 해서 돈 없는 사람들을 마음대로 해도 되는 건 아니지. 힘이 세거나 싸움을 잘하는 일진이 힘이 약한 애들을 마음대로 '빵셔틀' 시키고 괴롭혀도 되는 건 아니잖아?

평등은 사회적으로도 중요한 의미가 있어. 사회적 가치를 배분하는 기준이 중요하고, 이 때문에 사람들 사이에 갈등이 발생한다고 했지?

다원 사회에서 가치 분배를 둘러싼 갈등을 해결할 기준은 결국 공평성이야.

한국 사회에서는 왜 자꾸 대학입시 제도 때문에 싸울까? 일단 명문대학교 졸업자는 대기업에 취업하는 데 유리한 조건을 갖게 돼. 그런데 명문대학교라 불리는 학교의 정원은 한정되어 있어. 합격의 기준을 어떻게 정하느냐에 따라 누구에게는 유리하고 누구에게는 불리해지겠지. 그러니까 대입 제도 때문에 여러 주장이 자꾸 충돌하게 돼.

그렇다면 대입 합격의 기준을 어떻게 정하는 게 좋을까? 내신 성적이든 수능 성적이든 그것이 부모의 재산이라는 운과 밀접하게 관련된 현재 상황에서 그 영향을 최소화하는 기준이 필요할까? 사회적 배려자 전형처럼 '필요' 기준으로 보완하면 불만이 해결될까? 아니면 앞서 이야기한 대로 불합격자도 쉽게 인정하고 수용할 수 있는 수능 성적 기준에 따라 결정한다면 갈등이 해소될까?

한편 평등은 정치적으로도 의미가 있어. 자유주의든 민주주의든 '우리 모두 평등한 인간'이라는 전제는 포기할 수 없는 가치야. 이때 사용하는 평등의 의미는 다르지만 말이지. 헌법이 보장하는 '평등한 권리'는 '법이 인간을 똑같이 대우해야 한다.'는 선언만으로 이루어지지 않거든. 동등한 기회는 사실 경제적 부가 똑같이는 아니더라도 제법 균등하게 분배되었을 때 의미가 있잖아? 그것이 직업을 가질 기회이든 법정에서 변호를 받을 권리이든 말이지.

부의 불평등은 삶의 기회가 불평등하다는 뜻이지만, 거기에 그치지 않아. '유전무죄 무전유죄'라는 말, 들어보았지?

우리나라 법률은 배임*과 횡령*으로 50억 이상 이득을 얻으면 5년 이상 징역형을 내리도록 정하고 있어. 2005년 D그룹 총수의 300억 원에 달하는 횡령 사건이 벌어졌어. 그런데 법원은 징역형이 아니라 집행유예를 선고했지. H그룹 총수의 경우는 2008년 무려 700여억 원의 횡령 사건이 벌어졌는데 법원은 집행유예를 선고했어. S그룹 총수의 뇌물·횡령죄의 경우에도 마찬가지였어. '재벌 총수가 감옥에 있으면, 경영 공백이 생기고, 우리 경제에 큰 타격을 미치게 된다.'거나 '사법적 판단이 경제에 영향을 미쳐서는 안 된다.'는 논리를 내세운 거야.

심지어 경제적 부와 권력이 유착되는 경우도 많아. 2019년 한국 사회를 뜨겁게 달군 사건이 있었지. 박근혜 정부에서 법무부 차관을 지낸 사람이 집단 성폭행 사건에 연루되었어. 이 사건에 대해 시민들은 굉장히 분노했어. 왜 그랬을까? 돈과 권력이 유착해서 돈이 없는 시민의 기본적인 인권을 너무나 쉽게 유린했기 때문이야.

이렇듯 경제적 불평등은 부자와 가난한 사람의 구분에 그치지 않고, 결국 정치적 불평등으로 이어지고 급기야 헌법과 법률이

***배임죄** 형법에서, 남의 사무를 맡아보는 사람이 그 임무에 어긋나는 행위를 하여 자신이 재산상의 이득을 얻거나 제삼자가 이익을 얻게 하고, 그 결과로 그 임무를 맡긴 사람에게 손해를 입혀서 성립하는 죄.

***횡령죄** 형법에서, 남의 재물을 보관하는 사람이 그 재물을 불법으로 취득하여 자기 것으로 만들거나 그 반환을 거부하여 성립하는 죄. 다른 사람에 대한 신임관계를 배반한다는 점에서 배임죄와 그 본질이 같아. 다만 횡령죄의 대상이 재물임에 비하여 배임죄의 대상은 재물 이외의 재산상의 이익이라는 점에서 차이가 있어.

보장하는 자유와 권리를 형해화(形骸化, 살은 없고 뼈만 남게 된다는 뜻. 즉, 형식만 있고 실제로는 그 의미와 가치가 없어진다는 뜻.)시켜 버렸어. 민주주의 사회에서 시민의 자유를 보장하기 위해서 '평등'이란 가치가 얼마나 중요한지 알겠지?

그런데도 우리 사회에서 평등을 주장하는 이들에게 '좌빨-종북'이라는 딱지를 붙여 매도하는 사람들은 뭐지? 혹시 자신들이 지금까지 누린 기득권을 포기하기 싫어서가 아닐까?

어떤 평등을 추구하는 게 좋을까?

이쯤에서 평등에 대해 정리해 볼까? 사회적 가치를 분배하는 평등의 기준에는 크게 두 가지가 있어. 첫째, 인간의 존엄성이나 가치 등에 바탕을 둔 절대적 평등이 있지. 둘째, 능력이나 기여도에 따른 상대적 평등(혹은 상대적 불평등)이 있어. 이 두 원리와 함께 '필요'라는 제3의 기준이 보충하는 역할을 한다고 했지?

보통은 이런 기준 중에서 하나만 적용하자고 주장하지만, 아빠는 복합적으로 적용하는 게 바람직하다고 생각해. 대신 잊지 말아야 할 점은 우리가 생각하는 평등의 개념 속에 불평등을 안고 있다는 거야. 따라서 분배 정의의 기준을 '어떠한 분배가 가장 좋은 결과를 가져오는가?'에서 찾지 말고, '분배의 결과로 빚어진 불평등한 결과를 과연 사회적으로 수용할 수 있는가?'에서 찾아야 한다고 생각해. 어떤 분배가 정의로운가에 대한 '사회적 합의'가 중요하다는 거야.

'피부색, 성별, 출신 지역, 개인 취향을 이유로 차별해서는 안 된다.(평등주의)'는 주장과 '인간이 삶을 영위하는 데 필요한 최소한의 것은 나누어 가져야 한다.(필요 기준)'는 주장에 대해서는 반대할 사람이 없을 것 같은데, 어때?

또 '기여도에 따라 분배하는 것(능력주의)이 사회 발전에 긍정적인 영향을 미칠 수 있지만, 그로 인해 발생하는 불평등한 정도가 너무 커져서 사회가 불안정해지는 건 문제가 되니까 어느 정도 교정해야 한다.'는 생각에도 대부분 끄덕일 것 같은데?

여기서 잠깐  What's up?

선별적 복지와 보편적 복지

우리 사회에서 평등에 대한 논쟁은 이상하게 이념 논쟁으로 흘러 왔고, '무상급식'을 둘러싼 갈등도 마찬가지였어. 이 쟁점은 대학 논술 연습 문제로도 많이 나와 있지. "무상급식에 대한 '보편주의'와 '선별주의'의 입장에 대해 논하라."는 식으로 말이야.

아빠가 이야기하고 싶은 건 이 문제의 정답이 아니야. 어차피 정답은 없는 거잖아? 아빠는 '보편적 복지(보편주의)와 선별적 복지(선별주의)의 의미가 무엇일까?'에 초점을 맞추고 싶어.

사회복지 제도를 설명하는 자료를 살펴보면, 보편적 복지는 소득이나 자격에 상관없이 모든 국민에게 복지 서비스를 제공하는 것이고, 선별적 복지는 필요한 사람들에게만 선택적으로 복지 서비스를 제공하는 것이라고 정의해.

우리가 앞서 살펴본 능력주의는 대개 복지 서비스와는 무관하다고 볼 수 있어. 그러면 보편적 복지는 '절대적 평등'과 관련되고, 선별적 복지는 '필요 기준'이 적용된 복지 서비스가 된단 말이지.

서비스 중에서도 국가가 제공하는 것을 '복지'라고 한단다. '복지' 개념은 독일의 비스마르크 수상이 국민의 안전을 위해 국가가 은혜를 베푸는 일을 복지로 여긴 데서 출발했어. 왕이 자신의 영토를 지키고, 국내 질서를 유지하기 위해 국방과 치안에 힘쓰는 일은 왕 자신의 안전을 위한 일로 생각했기 때문에 '복지'라는 표현을 쓰지 않았지.

그러면 현대 사회에서 복지는 뭘까? 국민(혹은 시민)이 누릴 수 있는 당연한 권리가 곧 복지라는 뜻으로 변화하면서 국방과 치안도 국민의 안전을 위한 서비스라고 여긴단다.

아빠가 질문을 몇 가지 던져 볼 테니, 한번 맞추어 볼래?

1. 국방 서비스와 치안 서비스는 보편적 복지일까, 선별적 복지일까? — 보편적 복지
2. 극빈층에 대한 생계보조금은? — 선별적 복지
3. 대학교에서 학생들에게 지급하는 성적 장학금은? — 선별적 복지 중에서도 능력주의
4. 문화 서비스 중에서 K-pop은? 영화는? 중앙박물관은? 국립창극단은? — 선별적 복지도 있고 보편적 복지도 있네.
5. 교육 서비스 중에서 초중등 교육은 의무교육이고, 고등 교육(고등학교와 대학교)은 의무교육이 적용되지 않지. — 초중등 교육은 보편적 복지(모든 국민), 고등 교육은 선별적 복지(성적에 따른 입학 허용)네. 물론 사회배려자 전형은 선별적 복지 중에서 필요 원리를 적용한 거지.

실제 복지 서비스를 살펴보니까, 서비스마다 다른 평등의 기준을 적용하고 있네. 그치?

자, 이쯤에서 무상급식 문제를 다시 살펴볼까? 무상급식은 왜 '보편적 복지'로 여겨지기 시작했을까? 당시에 급식비(월 3만 원 정도)를 낼 돈이 없어서 수돗물로 배를 채우는 아이들 이야기가 뉴스에 보도되었어. 그러면서 의무교육이 적용되는 초등학교와 중학교에서는 무상급식을 제공해야 한다는 주장이 나왔지.

이때 '선별적으로 제공해야 하는가?' '모두에게 제공해야 하는가?'가 논

란이 된 거야. 무상급식이란 집에서 먹는 식사를 무료로 제공하겠다는 게 아니잖아? 학교 내에서 이루어지는 식사는 의무교육을 선언한 헌법에 따라 국가가 책임을 져야 한다는 차원에서 보편적 복지의 대상으로 보아야 한다는 생각이었지.

재미있는 점은 '무상급식은 보편적 복지이기 때문에 좌빨-종북 세력이 좋아하는 사회주의 정책이다.' 라고 비판한 사람들이 의무교육이나 교과서 무상 제공, 치안 서비스 등을 국가가 제공하는 일을 두고는 좌빨이니, 종북이니 이런 말을 하지 않는다는 거야. 보편적 복지는 곧 사회주의 정책이라는 주장에 대해 네 생각은 어떠니?

정의를 정의 내리기
그게 그리 어렵나?
그래 그리 살았나?
양심 없이 살았나?

이제 한번 가려 볼까?
어디 한번 답해 볼래?
가려진 네 눈, 무지의 베일
달라진 네 말, 달라질 내일

이젠 좀 알지
너와 내가 뭘 바라는지
평등이 뭔지, 자유가 뭔지

by - 산아

항상 외쳐 대요

우리를 뽑아 줘요

말 잘 들을게요

충실한 노예가 될게요

한 번만 되돌아봐

시간 좀 되돌려 봐

누가 노예가 되었는지

누가 재를 뽑은 건지

(누구긴 누구야

너희가 뽑은 거지

의견은 무시할래

거절은 거절할게

충실한 우리의 노예가 되길)

이런 게 민주주의?

제3장

자유주의와 민주주의

I. 사회계약론

요즘 사람들은 대개 자유-민주주의를 바람직한 정치체제로 생각하는 것 같아. 그런데 자유주의와 민주주의는 같은 개념이 아니거든. 각각 원하는 정치가 다르기 때문이야. 앞에서 살펴본 자유와 평등의 의미도 서로 다르게 생각하고 말이지.

이 장에서는 자유주의와 민주주의를 들여다볼 텐데, 먼저 사회계약론에서 출발하는 게 좋겠어. 사회계약론에서 현대인이 생각하는 자유주의와 민주주의의 구체적인 상이 잡혔기 때문이야.

사회계약론의 대표적인 사상가로 홉스와 로크, 그리고 루소 세 사람이 있단다. 홉스의 생각은 현대 사회로 오면서 국가가 나서서 규제도 하고 사회를 운영해야 한다는 주장에 많은 영향을 미쳤어. 로크의 생각은 국가보다는 개인의 자유를 강조하는 자유주의에, 루소의 생각은 민주주의에 큰 영향을 미쳤단다.

절대 권력을 상상한 홉스 아저씨

토마스 홉스Thomas Hobbes가 살았던 17세기 중반 유럽은 종교개혁의 여파로 교황의 권위가 약해지면서 국가 간의 전쟁이 끊이지 않았어. 신의 권위에 의존했던 왕권이 흔들리면서 내란과 폭동도 끊이지 않았지.

스페인의 무적함대를 무찌르고 유럽에서 새로운 강자로 등장한 영국은 그나마 안정적인가 싶었는데, 영국내란이라고도 부르는 청교도 혁명이 일어났어. 왕인 찰스 1세와 의회가 대립하면서 왕당파와 의회파 간에 전쟁이 일어난 거야. 이 전쟁의 결과는 의회파의 승리로 끝났어. 이 과정에서 권력을 잡은 크롬웰은 찰스 1세를 처형하고 상원의회를 폐지하면서 공화국을 천명했어. 그러나 얼마 지나지 않아 왕정이 복구되었지. 우리나라에 빗대어 본다면, 이런 상황과 비슷한 거야.

조선 시대에 임꺽정과 같은 사람이 나타나서 왕의 군대와 싸워서 이겼어. 임꺽정이 왕을 처형하고 모든 백성은 평등하다고 선언하면서 신분제를 갑자기 폐지해 버렸어. 얼마 지나지 않아 양반들이 군대를 일으켜서 임꺽정을 죽이고 왕정을 복구했지만, 여전히 불안한 상황이야.

홉스 아저씨의 고민은 이런 시점에서 시작되었어. 홉스는 대체 무엇이 문제이고, 이 혼란을 어떤 식으로 해결하는 게 좋을까 고민했지. 해답을 얻기 위해 그는 '국가가 없는 무정부 상태(자연 상태)에서는 어떤 일이 벌어질까?' 하는 상상을 통해 이야기를 시작했어. 그리고 무정부 상태는 '만인에 대한 만인의 전쟁'일 수밖에 없다고 결론 내렸지. 홉스의 주장을 들어볼까?

인간은 자신의 행복을 추구하는 이기적인 존재라고 홉스는 생각했어. 다른 말로 하면 인간은 자신의 쾌락만을 추구하는 욕망 덩어리인 거지. 정부가 없는 자연 상태에서 인간은 누구의 간섭도 받지 않는 자유로운 상태일 거야. 인간은 태어날 때부터 자신의 생명 유지와 행복을 추구하는데, 어떠한 제약도 없는 권리인 '자연권'을 부여받은 거야.

자연 상태에서는 그 누구와도 관계를 맺지 않기 때문에 선과 악의 기준도 존재하지 않아. 사람들 사이의 관계를 규율하는 법이나 제도가 없으니까 자신의 이익에 도움이 되면 '선'이고, 손해를 받으면 '악'일 뿐이야. '선악'에 대한 보편적 기준이 없는 상태에서는 어떤 일이 벌어질까? 이런 상황을 상상해 보자.

철수가 길을 가다가 기분이 나빠져서 길에서 우연히 마주친 재동이를 때렸어.

재동이는 왜 그러냐고 물어보았지. 철수는 그냥 아무나 때리고 싶었는데, 그때 재동이가 그 자리에 있었을 뿐이래. 그러면서 자기 마음이니까 신경 쓰지 말고 가던 길이나 마저 가라네.

'헐~'이라고? 홉스 아저씨가 상상한 자연 상태는 이보다 더 심해.

자연 상태는 모든 인간이 평등한 상태이지만, 자기 이익만을 추구하기 때문에 풍요로운 상황에서조차 다른 사람이 가진 것을 빼앗으려는 전쟁 상태일 수밖에 없대.

이러한 폭력과 죽음의 공포에서 벗어나려면 어떻게 해야 할까? 그 원인이 모든 인간이 평등한 권리를 가지고 있기 때문이라면, 차라리 자연이 부여한 자유와 권리를 포기하는 게 낫겠지? 그러고는 자신의 생명과 재산을 지켜줄 힘이 센 누군가에게 보호해 달라고 요청하는 게 합리적이야. 마치 『반지의 제왕』에 나오는 '절대 반지' 같은 걸 만들어 제왕에게 자신의 모든 권리를 맡기는 거지.

이런 내용을 담은 계약서에 모든 사람이 도장을 찍어서 만들어진 게 바로 '국가'라고 홉스는 설명했어. 국가가 형성된 이후에는 주권자인 군주의 마음대로 법을 만들고, 사람들은 그 법을 두고 '정의롭다'거나 '부정의하다'고 말할 수 없다는 거야. 악법이라도 그 법을 지켜야 하지. '악법도 법'이라는 말은 소크라테스의 이야기가 아니라 홉스의 주장이라고 보아야 해.

'절대 반지'를 소유한 자가 바로 국가이고 군주인 거야. 이렇게 만들어진 국가를 홉스는 '리바이어던Leviathan'이라 불렀어. 리바이어던은 『구약성경』에 나오는 바닷속의 괴물이자 악의 화신인데, 거대한 존재이자 절대적 힘의 상징이야. 아마도 홉스가 영화 〈반지의 제왕〉을 보았다면 리바이어던을 '사우론'이라고 불렀을지도 몰라.

사실 홉스는 왕당파를 지지한 건 아니고, 공화국을 선포한 크롬웰을 지지했단다. 그러나 인간은 자신의 생존권을 제외한 모든 권리를 국가에 양도한다는 홉스의 설명은 그 당시 왕당파가 즐겨 사용했고, 현대로 오면서 권위주의나 국가 중심 이론에 영향을 미쳤단다.

여기에서 주목할 점이 있어. 홉스의 사회계약론에서 국가 혹은 군주의 권력은 사회가 만들어지기 전부터 있던 것도 아니고 신에게 부여받은 신성한 것도 아니야. 사람들이 '계약'을 통해 만든 거지.

홉스는 국가 혹은 군주의 권력이 절대적이라고 해도, 국가 혹은 군주가 계약을 체결한 시민들의 생명과 재산을 마음대로 박탈해서는 안 된다는 점을 강조했단다. 더 나아가 시민의 의무도 무제한이 아니야.

아무리 법으로 정했더라도, 군주의 명령이라 하더라도 자신의 생명과 권리를 침해하는 내용의 법이나 군주의 명령은 지킬 의무가 없다는 거야. 사회계약을 체결할 때 자신의 생명이 위협받더라도 복종하겠다고 도장을 찍는 멍청한 사람은 없을 테니까.

시민 정부를 강조한 로크 아저씨

먼저 존 로크John Locke가 살던 시기에 영국에서 어떤 일이 있었는지 살펴볼까? 홉스가 '청교도 혁명기'를 겪었다면, 로크는 '명예 혁명'을 온몸으로 겪은 인물이야. 로크의 아버지는 청교도 혁명기에 크롬웰이 이끌었던 시민군(의회파)의 기병대 대장이었어. 대충 짐작이 되겠지만, 로크는 왕권보다는 시민들의 권리를 옹호한 사람이라고 생각하면 돼.

로크는 홉스가 제시한 '자연 상태'와 '사회계약'이란 개념에서 출발해 반대되는 결론을 보여준단다. 그의 생각은 나중에 프랑스 대혁명과 미국의 독립선언에 큰 영향을 미치게 돼.

로크는 '자연 상태'에서 인간은 자연법이 보장하는 권리, 즉 자연권을 갖는다고 보았어. 그 권리의 핵심은 생명·신체·재산에 대한 권리이고 말이야. 여기까지는 홉스와 별 차이가 없어 보이지?

그런데 로크는 인간을 선하지도 악하지도 않은 존재로 가정했어. 홉스와는 달리 자신의 욕망을 무한히 추구하기 위해 타인의 권리나 자유를 침해하는 존재는 아니라고 본 거지. 이런 상상을 해볼까?

철수와 재동이는 전혀 모르는 사이야. 둘은 싸울 일도 없고 '썸' 탈 일도 없어. 평화롭다고 해야 할까?

그런데 철수가 지나가다가 재동이를 툭 쳤어. 실수라고 하기에는 조금 심하게 말이지. 재동이가 가만히 있을까? 아니지~. 아마 보복하든지 따지든지 할 거야. 평화롭기는 하지만 사소한 다툼이 일어날 수 있는 조금 애매한 상황이야.

이렇듯 국가가 없는 '자연 상태'는 평화롭긴 한데, 한 가지 문제가 있어. 개인이 누리는 권리가 확실하지 못해서 좀 불안한 상황인 거야. 이런 상상을 해볼까?

산아가 독서실에서 음악을 듣고 있어. 꼭 독서실이 아니고 교실이라고 해도 좋아. 옆자리에서 채원이가 책을 보고 있고 말이야.

산아는 흘러나오는 노래를 따라 불렀지.

"라라랄라라~~."

채원이가 산아에게 요구했어.

"공부하는 데 방해가 되니까 노래 좀 그만해."

이때 산아가 대답했어.

"노래를 부르든 말든 내 맘이니까 상관하지 마."

산아와 채원이 모두 자신의 권리를 행사하려는 상태에서는 갈등이 발생할 수밖에 없지.

이런 상황은 어떨까?

산아가 뒷산을 일구고 무를 심었어. 그런데 골칫거리가 생겼어. 멧돼지가 나타나 무를 파먹는 데 그치지 않고, 밭을 들쑤셔 놓는 바람에 완전히 쑥대밭이 되어 버린 거야.

열 받은 산아가 멧돼지에게 화를 냈어. 그랬더니 멧돼지가 말했지.

"이 자연은 누구의 소유도 아니고, 나도 먹을 권리가 있어."

산아는 이렇게 대꾸했지.

"이건 내가 가꾼 거니까, 내 소유거든."

하지만 멧돼지는 산아의 주장을 인정할 수 없대.

말도 안 되는 이야기인가? 그럼 이건 어때?

철수는 아무도 살지 않는 땅에 집을 짓고, 감나무를 심었어. 그 옆에 재동이가 와서 집을 지었지. 자연법에 의하면 철수와 재동이는 각자 자신이 지은 집에 대한 소유권을 가진 거지.

그런데 재동이 집 쪽으로 감나무 가지가 뻗어 나가자 재동이는 빨갛게 익은 감을 맛있게 따 먹었지.

철수가 그 감나무는 자기가 심은 거니까, 먹으려면 돈을 내고 먹어야

한다고 주장했어. 그랬더니 재동이는 그 감의 소유가 철수의 것이라고 인정할 수 없대. 설사 감나무의 소유권이 철수에게 있더라도 자신의 땅으로 넘어온 가지는 자기 소유라고 주장하기 시작했어.

이처럼 모든 개인이 인간의 권리를 평등하게 지닌 '자연 상태'에서는 분쟁이나 갈등이 생길 수박에 없어. 자연법으로 보장된 권리지만, 자연법에 대한 해석은 사람마다 다를 수박에 없거든. 그렇다면 확실하게 자신의 권리를 인정받을 방법은 무엇일까? "이것은 내~ 꺼야~~~!"라고 외치는 것보다 더욱 확실한 방법 말이야.

로크는 모든 인간이 상호 간에 권리를 인정하는 합의(사회계약)을 체결하는 방법을 생각했어. 그러한 사회적 합의를 법으로 만들어서 타인에게 주장할 권리를 '사회적'으로, '합법적'으로 보장받는 거지. 이렇게 사회계약을 통해 사회를 만들고, 사회 속에서 모든 개인은 사회법이 보장하는 기본권을 갖게 되었어.

하지만 여전히 법의 해석을 둘러싸고 분쟁이 발생할 수 있겠지? 그래서 두 번째 사회계약을 통해 '국가'를 만든다는 거야. 이렇게 만들어진 국가가 할 일은 개인의 권리를 보호하고 분쟁이 있으면 이를 조정하는 거지. 이때의 국가는 지배자가 아닌 보호자야.

로크는 권력의 정당성이 신의 뜻이나 세습에서 나온다는 주장에 반대했어. 국가 권력은 시민 개개인의 동의와 합의에서 비롯하기 때문에, 권력의 정당성 또한 시민의 동의에서 나온다는 거야.

또한 로크는 홉스와 달리 인간은 자신의 기본권을 국가에 완전히 넘겨주지 않고 위임하는 데 그친다고 주장했어. 늑대나 여우의 위험을 피하려고 사자에게 자신의 목숨을 맡길 만큼 인간은 어리석지 않다는 거지. 따라서 국가의 권력은 절대적인 것이 아니고, 국가가 시민에게 위임받은 권력을 남용하는 경우 시민은 언제나 저항권을 행사할 수 있어.

민주공화국을 꿈꾼 루소 아저씨

장 자크 루소Jean Jacques Rousseau가 살던 시대에 유럽은 산업혁명과 시민혁명의 소용돌이를 겪었어. 루소 아저씨는 그 당시 계몽주의 사상가들과 마찬가지로 성직자와 귀족, 교황과 왕으로 상징되는 신분제 질서와 억압적인 사회를 엄청 싫어했어. 그뿐 아니라 인간의 이성과 과학, 문명에 대해서도 부정적인 시각을 지녔지.

그가 꿈꾼 세상은 모든 인간이 자유를 만끽하는 그런 세상이야. 그는 『사회계약론』에서, '인간은 자유롭게 태어났지만, 어디서나 쇠사슬에 묶여 있다.'고 선언하면서 인간을 얽매는 사슬을 어떻게 깨부술지에 대해 조목조목 이야기하거든.

루소는 자신이 쓴 책 때문에 체포령이 내려져 이곳저곳 떠돌아다닐 수밖에 없었어. 그는 프랑스 혁명(1789년)이 일어나기 10년 전에 죽었고, 혁명정부가 들어선 이후 루소의 유해는 위인과 영웅이 주로 묻히는 팡테옹으로 옮겨졌단다.

그럼, 루소의 사회계약론을 살펴볼까?

루소도 앞서 본 홉스와 로크처럼 자연 상태에서 이야기를 시작한단다. 하지만 루소가 생각한 자연 상태는 앞선 사상가와는 달랐어. 자연 상태는 원래 다른 사람들과 아무런 관계도 없는 상태여야 하잖아? 그렇다면 자신의 정체성이나 언어, 타인에 대한 기대나 요구를 포함한 유대감, 그리고 권리나 의무 따위는 애초에 없겠지? 물론 선과 악에 대한 기준도 없겠고 말이야. 왜냐고?

'나는 누구인가?'라는 정체성은 사실 다른 사람과의 관계에서만 이야기할 수 있어. '나는 누구의 아들이나 딸이고, 누구의 엄마거나 아빠고, 무엇을 좋아하며, 어떤 일을 하는 사람'이라는 전제가 있어야 정체성을 말할 수 있거든. 그러니 아무 관계가 없다는 것은 정체성에 대해 구체적으로 이야기할 수 없다는 뜻이지.

또한 언어는 상호 간의 대화의 수단이고, 언어로 대화를 하려면 약속이 필요하지. 아무런 관계가 없는 사람들 사이에서 대화를 위한 수단이 필요할 리가 없고, 미리 어떤 약속을 한다는 것도 말이 안 돼. 예를 들어, 베트남 사람이 "신짜오~ 쏠라쏠라~" 하는 말을 산아가 알아들을 수 없는 것처럼 말이야.

이런 상태에서는 권리도 없고, 의무도 없어. 권리란 다른 사람에게 무엇을 해 달라고 요구할 수 있는 거잖아? 그런데 아무런 관계가 없는 이에게 "나에게 이러저러한 것을 해 줘."라고 요구하는 건 말이 안 되지.

루소의 자연 상태는 마치 이런 거야. 풀밭에서 토끼가 풀을 뜯어 먹는데, 옆에 노루가 지나가고 있어. 토끼와 노루 사이에는 대화를 위한 공통의 언어도 없고, 그 어떤 권리와 의무도 없고, 상호 관심도 없는 그런 관계인 거야. 이런 상태라면 평화로운 상태라 할 수 있겠지?

그런데 문제가 있어. '호환 마마'와 같은 문제 말이야. 참, '호환'과 '마마'를 모른다고? '호환'은 사람들이 호랑이에게 잡아먹힐 위험을 말해. '마마'는 홍역을 말하는데, 예전에는 특히 아이들의 생명에 지대한 영향을 미쳤단다. 이 전염병 때문에 돌을 넘기기 힘들었고, 겨우 살아남은 아이들도 안심할 수 없었어. 아빠가 호환 마마를 꺼낸 건, 자연 상태에서 인간은 맹수나 질병, 자연재해 때문에 생명의 위협을 느낄 수밖에 없다는 점을 강조하고 싶어서야.

이런 상황에서 인간이 자신의 생명과 안전을 지키는 좋은 방법이 있을까? 사회를 만들고, 힘을 합쳐 대응하는 거라고? 오케이! 루소도 그런 식으로 이야기를 시작했단다. 즉, 사람들은 자신의 안전을 위해 사회계약을 맺고, 사회를 만들었다는 거야.

사회를 형성한 이후에는 어떻게 되었을까? 산아도 채원이와 함께 생활하니까 알겠지만, '이것은 내 것, 저것은 네 거!'라는 소유 개념이 생기게 돼. 권리와 의무도 자연스럽게 생겨나겠지.

그런데 개인 소유의 재산, 즉 '사유재산'이라는 개념이 생기면서 새로운 문제가 발생한단다. 자연 상태와 달리 부자가 된 사람이 생기고, 가난해진 사람도 나타난 거야. 사람들은 더 많은 재산을 얻기 위해 서로 경쟁하기 시작해. 그 결과는? 평화로운 자연 상태와 달리, 사회가 형성된 이후 '만인에 대한 만인의 투쟁'으로 타락하게 된다고 루소는 주장했어. 자연 상태가 전쟁 상태라고 진단한 홉스와는 완전히 반대로 생각했네?

물론 사회 질서를 유지하기 위해 국가도 만들어지지만, 경제적 불평등이 정치적 불평등으로 이어지면서 개인의 자유도 위협받게 돼.

개인 사이에 나타나는 '갑질'을 넘어 권력을 등에 업고 행사하는 '초갑질' 같은 문제들이 생겨나는 거지. 이렇듯 사회가 극심한 불평등 상태에 빠지는 경우, 여기서 그치지 않고 민란이 일어나기도 해. 이 문제를 어떻게 푸는 게 좋을까?

문제 해결에는 두 가지 방법이 있다고 루소는 생각했어. 하나는 자연 상태로 돌아가는 것이고, 다른 하나는 모든 시민이 합의를 통해 새로운 사회를 만드는 거야.

루소는 자연 상태로 돌아가는 것은 불가능하다고 생각했어. 사회가 만들어지고 문명이 발전하는데, 사람들이 그 이전 상태로 돌아가기를 원할까? 자동차를 이용하기 시작하면서부터 걸어 다니는 게 불편해지는 것처럼 말이야. 산아도 스마트폰을 쓰기 시작한 이후에는 스마트폰이 없는 상태로 돌아가고 싶지 않을걸?

그렇다면 남은 방법은 하나, 합의(2차 사회계약)를 통해 모두가 자유롭고 평등한 사회를 만드는 게 더 낫다는 거지.

사유재산과 같은 권리가 사회를 전쟁 상태로 만들었기 때문에, 새롭게 체결하는 사회계약은 개인이 갖는 권리를 '공동체'로 넘기는 것이 주요 내용이 돼. 여기에서 주목할 점은 홉스처럼 왕이나 특정한 사람에게 권리를 넘기지 않는다는 거야.

대한민국의 권리나 권력은 바로 '대한민국'이라 불리는 정치 공동체에 있는 거지, 대통령이나 국회의원과 같은 개인에게 있는 것이 아니야. 시민들의 합의로 만들어진 정치 공동체를 '공화국'이라 불러. 공화국이라는 표현은 들어본 적 있지? 바로 우리 헌법 제1조 1항에 '대한민국은 민주공화국'이라고 천명하고 있잖아.

공화국이란 시민들의 국가를 말해. '시민의 공화국'에서는 산아가 곧 대한민국이고, 대한민국이 곧 산아라 할 수 있어. 산아의 자유의지가 대한민국이라는 국가의 법이나 정책의 내용이 되고, 국가의 법이나 정책의 내용은 곧 산아의 의지라는 거야.

에구, 좀 어렵나? 개인과 사회의 관계를 이렇게 생각해 볼까? 산아와 우리 가족의 관계를 생각해 보면, '나(산아)'라는 개인이 확장된 게 '가족'이지. 가족이 확장된 게 '이웃'이고, 루소는 이렇듯 나, 가족, 이웃의 단계를 거쳐 이웃이 확장된 게 '사회'이고 '국가'가 된다고 생각했어. 한마디로 '나'와 '국가'는 별개가 아니고 동일시된다는 거야.

대한민국의 축구 대표팀이 일본이나 다른 나라와의 경기에서 지면, 괜히 열 받지 않아? 외국의 축구팀에서 뛰고 있는 손흥민이 골을 넣으면 괜히 우쭐해지고, 방탄소년단이 세계적으로 인기를 얻으면 괜히 기분이 좋아지고 말이야. 솔직히 말해 축구 대표팀이 진다고 해서 내가 손해 보는 것도 아니고, 손흥민이나 방탄소년단이 잘나간다고 내가 이익을 얻는 것도 아닌데 말이지. 이런 감정을 생각해 보면 이해가 쉬울 거야.

어쨌든 루소는 '개인의 의지'가 사회와 국가 전체의 의지로 확장된 것을 '일반 의지general will'라 이름 붙였어. 이 '일반 의지'에 의해 국가가 통치된다면 통치자와 피통치자가 같아지고, 모든 시민은 자유를 누릴 수 있다고 했지. 루소는 이런 국가를 '민주공화국'이라고 표현했어. 달리 말하면, '내가 원하는 것'이 '국가의 공적 결정'으로 되는 국가가 '시민의 공화국'이고 '민주주의'인 거야. 이런 원칙에 따라 루소는 당시 영국의 통치 체제를 아주 거세게 비판했단다.

루소는 국가의 최고 권력인 주권은 양도될 수도 없고, 대표되는 것도 아니라고 보았어. 시민 전체의 의사는 어느 한두 국회의원이 대표할 수 없기 때문이야. 국회의원은 대표자가 아니고 시민의 대리인 혹은 심부름꾼에 지나지 않거든. 더 나아가 시민이 직접 승인하지 않은 법은 무효라고 주장해. 그 법은 시민의 자유의지의 결과가 아니니까.

그런데도 법률을 심의하고 확정하는 국회의원을 국민이 직접 뽑기 때문에 시민이 자유롭다고 생각하는 영국 사람들을 향해 뼈 있는 한 마디를 했지. 그건 착각이라고~. '영국인은 국회의원을 뽑는 선거일에만, 즉 4년 중에 하루만 자유롭다.'고 말이지.

민주주의의 이론적 기초를 제시한 루소의 생각에는 대통령이나 국회의원을 시민이 뽑는다고 해서 자유로운 시민이 되지도 않고, 민주주의 국가라고 할 수도 없다는 거야.

사회계약론이 전하고 싶은 진심

지금까지 근대 유럽에서 등장한 사회계약론에 대해 살펴보았어. 세 사람의 이론은 17~18세기에 나온 한때의 참신한 생각에 그치지 않고 세계 여러 나라의 정치제도 형성에 큰 영향을 미쳤단다.

이들 주장의 기본 가정이자 결론은 이거야. '인간은 자유롭고 평등한 존재이며, 합리적인 판단을 할 수 있는 존재'라는 생각이지. 이 생각을 놓고 민주주의 사회에서 대놓고 반대하는 사람은 거의 없잖아? 또 한 가지 핵심 주장은 '사회 형성, 그리고 국가와 정부의 성립은 개인 혹은 시민의 동의나 합의에 의한 것이고, 정부의 존재 이유는 개인 혹은 시민의 자유를 보장하는 데 있다.'는 거야. 이 주장에 대해서도 대놓고 반대하는 사람은 없지.

물론 사회계약론에 대한 비판도 있단다. 예를 들면, 현실의 국가가 다 사람들의 계약으로 성립된 것은 아니었어. 200여 년 전에 제헌의회를 소집하고 13개 주 대표가 모여서 합의해 헌법을 만들어 탄생한 나라인 미국 등 몇 나라를 제외하면 말이지.

그런데 왜 홉스, 로크, 루소는 자연 상태와 사회계약이라는 가상의 상황을 설정하고 자기 주장을 펼쳤을까? 이 점에 대해서는 역사를 살짝 들여다보면서 이야기할게.

중국의 진나라에 '진승'이라는 농민은 '왕후장상의 씨가 따로 없고 모두 같은 인간(王侯將相寧有種乎)'이라고 주장하면서 반란을 일으켰어. 우리나라 고려 시대에는 만적이 이와 비슷한 주장을 하면서 난을 일으켰지.

하지만 아주 오랫동안 동서양을 막론하고 대부분의 국가에서 '인간은 평등하지 않으며, 어떤 사람은 노예가 되도록 태어났고, 또 어떤 이는 지배하기 위해 태어났다.'는 생각이 널리 통용되었어. 또한 '한

국가 안에 사는 모든 인간은 신하된 백성(臣民)으로, 왕명에 무조건 복종해야 한다.'는 말도 통용되었지.

이런 상황에서 로크나 루소는 '국가가 없던, 호랑이 담배 피던 시절에 인간은 어떤 존재였을까? 국가는 왜 생겨났을까?'라는 질문을 던진 거야. 자연 상태와 사회계약이라는 가상의 개념을 통해 고리타분한 위의 주장을 하나씩 반박한 거지.

사실 사회계약론의 핵심은 '국가가 구체적으로 어떻게 성립되었는가?'가 아니야. 오히려 '인간이 당연히 가져야 하는 자유와 자유로운 인간이 받아들일 수 있는 정당한 사회와 정치 질서는 무엇인가?'라는 생각을 이끈다는 점이 정말 중요하지.

2. 자유주의

자유주의는 한마디로 개인의 자유를 무엇보다 중시하는 사상을 말해. 예를 들어 개인의 자유와 국가의 이익 중에 무엇이 더 중요한지 물어본다면, 개인의 자유가 더 중요하다고 여기는 게 자유주의야. 그리고 개인의 자유는 모든 인간이 누려야 할 기본 권리라고 생각하지.

그렇다면 자유주의자가 원하는 정치와 경제는 어떤 모습일까?

자유주의가 원하는 정치는 어떤 모습일까?

근대 자유주의 사상은 로크의 사회계약론에서 출발한단다. 그의 핵심 주장은 '국가 이전에 개인이 있고, 국가는 개인의 자유와 권리 보호를 위해 만들어진 것'이라고 할 수 있어. 개인의 자유는 어떠한 이유로도 침해되어서는 안 된다는 거야. 국가의 권력은 개인의 동의에 의해 정당성을 부여받으며, 권력 행사는 개인의 권리를 보호하는 행위 이상 허용하지 않는다는 뜻이기도 해.

역사를 돌아보아도 현실을 둘러보아도, 국가의 권력은 언제든지 남용될 위험이 있어. 그래서 개인의 자유를 위해 국가가 '필요'하지만, 자유를 '위협'할 수도 있다는 뜻에서 국가를 '필요악'이라고 부른단다. 국가가 '필요하지만 악이 될 수도 있다.'는 이 모순을 해결할 방법은 없을까? 음, 개인의 동의를 통해 정부를 구성할 뿐만 아니라 권력을 통제할 수단을 만들면 되지 않을까?

성인군자가 아닌 현실의 인간이라면 '돈 · 명예 · 권력'을 추구하려고 해. 이 세 가지는 인간의 행복과 쾌락을 위한 훌륭한 수단이 되잖아? 그래서인지 사람들은 권력을 절대 나누지 않고, 끊임없이 키우고, 남에게 넘기지 않고 죽을 때까지 가지려고 하지. 이렇듯 권력에 '팽창 · 집중 · 지속'하려는 속성이 있다면 어떻게 해야 할까?

눈치챘어? 팽창하려는 권력을 제한 · 억제하고, 집중되려는 권력을 쪼개고, 권력이 존속하는 기한을 두면 되겠지? 말하자면 작은 정부(최소 국가)를 만들고 법에 의한 지배(법치주의, 헌정주의) 원칙을 확립하고, 권력을 나누고, 일정 기간이 지나면 정권 교체를 하도록 제도화하는 거야. 이러한 권력 제도는 근대 국가에서 국민주권 원리와 함께 핵심적인 제도로 자리 잡았지. 요컨대 자유주의를 정치적인 면에서 정의한다면, '개인의 자유와 소유를 보호하기 위해 권력을 제한'하는 사상이라 할 수 있어.

스스로를 자유주의자라고 생각한다면 다음 주장에 고개를 끄덕일 거야.

첫째, 개인 혹은 시민은 정치권력의 원천이다. 따라서 정부는 개인

혹은 시민의 동의에 의해 구성해야 하며, 개인 혹은 시민은 정치참여를 통해 정책에 영향을 미칠 수 있어야 한다.

둘째, 개인 혹은 시민은 자신의 이익과 종교, 사상, 그리고 정치적 입장을 정하고 표현하는 데 제한을 받아서는 안 된다.

셋째, 개인 혹은 시민이 선출한 대표자는 개인 혹은 시민의 권리와 이익을 보호하는 것을 최우선으로 해야 한다.

넷째, 국가 및 정부의 권력은 개인 혹은 시민의 기본적 권리를 보장한 헌법에 의해 제한되며, 개인의 자유를 보호하기 위해 권력 분립과 권력 간 상호 견제가 가능하도록 제도화해야 한다. 나아가 권력의 세습을 방지하기 위해 제도적 장치를 마련해야 한다.

바로 이게 자유주의가 원하는 정치의 모습이야.

자유주의가 원하는 경제는 어떤 모습일까?

산아야, 앞에서 로크의 사회계약론은 2단계로 이루어진다고 했지? 1차 사회계약을 통해 시민 사회를 형성하고, 2차 사회계약을 통해서 정치 사회인 국가를 형성한다고 말이야.

그래서일까? 자유주의는 사회와 국가를 분리해서 생각하기에, 국가는 개인과 개인 사이의 사적인 관계에 개입하면 안 된다고 주장한단다. 국가는 권력을 제한하는 원리에 따라 운영하고, 시민 사회는 사적인 관계의 원리에 따라 운영해야 한다는 거야. 그래서 자유주의가 생각하는 바람직한 경제체제의 모습은 '자유 방임' 경제가 된단다.

그런데 개인 간의 관계에 국가의 개입이 없으면, 골치 아픈 문제가 자꾸 발생하지 않을까? 이에 대해 경제학자 애덤 스미스A. Smith는 이런 식으로 답할 거야.

"보이지 않는 손에 의해 조화될 테니까 걱정하지 마세요."

자유주의에서는 인간이 자기가 추구하는 이익을 위해 행동할 때 가장 좋은 결과가 나온다고 말해. 다시 말해, 인간의 자율적인 행동이 '보이지 않는 손'에 의해 조화되면서 사회적으로도 가장 좋은 결과가 나온다고 하지.

왜냐고? 더 많은 이윤을 얻기 위해 기업은 혁신을 통해 값싸고 질

좋은 물건을 생산하려 하고, 그 결과 소비자는 더 저렴한 상품을 소비할 수 있어. 이 과정에서 기업은 많은 이익을 얻고, 그에 따라서 일자리가 늘게 되지. 일자리가 늘면 가계의 소득이 증대되고, 증대된 소득은 소비로 이어지면서 생산자인 기업은 물건을 더 많이 파는 긍정적인 효과가 계속 이어질 거야.

그런데 말이야, 현실에서는 생산자가 대장균이 득실대는 먹거리를 팔기도 하잖아? 이런 문제는 어떻게 해결하지? 시장을 중시하는 사람들은 이것도 문제가 되지 않는다고 해.

산아가 우유 배달 서비스를 이용한다고 해볼까? 그런데 우유 배달업자가 한 달에 몇 번씩 빼먹는 거야. 가끔은 상한 우유를 갖다 놓고 말이지. 그러면 어떻게 될까? 산아는 당장 우유 배달을 끊고 다른 업자와 관계를 맺으려 하겠지? 결국 우유 배달업자는 당장의 이익을 앞세우다가 오히려 큰 손해를 보고 망하게 될 거야. 이기적인 사람들로 가득 찬 시장에서 약속을 지키고 협력을 하는 이유가 여기에 있다는 거지.

일단은 스미스 아저씨의 주장에 끄덕끄덕~.

그런데 시장에서 사람들은 이익이 되는 곳에만 돈을 투자하지, 이익이 남지 않는 일에는 투자하지 않아. 이런 상황을 보고 어떤 사람은 이렇게 질문할 거야.

"아무래도 기업은 눈앞의 이익을 추구하지, 멀리 내다보지는 못해. 차라리 국가가 장기적인 계획을 세워 자원을 배분하는 게 더 효율적이지 않을까?"

시장경제를 옹호하는 사람들은 이런 생각에 반대한단다.

국가는 권력을 사용하잖아? 권력에 의해 자원이 배분된다면 어떻게 될까? 예를 들어, 특정 산업을 육성하기 위해 정부가 보조금을 준다고 해볼까? 그 산업이 이익이 많이 생기는 분야였다면, 이미 기업들이 투자했을 거야. 돈이 안 된다고 생각했기 때문에 투자가 이루어지지 않은 거지. 그런데도 정부가 보조금을 지급하면 어떻게 될까? 너도나도 보조금을 받으려고 돈을 투자하겠지? 누군가 뇌물을 주고 특혜를 받을 가능성도 있어. 이것은 정부의 특혜에 그치지 않아. 시장에서 통용되는 가격이 왜곡되기 때문에 정상적인 자원 배분이 이루어지지 않게 돼. 차라리 시장에 맡기는 것이 낫지.

자유주의 경제를 중시하는 사람들의 핵심 주장은 '권력이 개입하면 가격 시스템이 망가진다.'는 데에 있어. 시장에서 가격이 정해지면 구매비용보다 이익이 클 때만 구매하고, 생산비용보다 이익이 클 때만 생산과 투자가 이루어질 수 있어. 그러나 권력에 의해 자원이 배분되면 이익이나 손실과 무관하게 자원이 배분될 수 있다는 거야.

자유주의를 중시하는 사람들은 시장의 역할이 효율적인 자원 배분에 그치지 않고, 개인의 자유를 가장 잘 보장해 준다고 주장한단다. 시민 사회와 시장에서 이루어지는 개인의 선택은 누구의 강제가 아닌 스스로의 자발적 선택이잖아? 수많은 소비자와 생산자가 참여하는 완전 경쟁 시장에서는 그 누구도 다른 사람을 강제할 힘이 없기 때문

이야. 그러니 시장에 참여하는 모든 사람은 평등한 관계에 있어. 결과적으로 시장은 자유주의가 원하는 자유와 평등을 보장하게 되지.

한 가지 더, 자유주의자들은 빈부 격차 문제에 대해서는 이렇게 주장한단다. "시장경제가 빈부 격차라는 결과를 가져오는 건 사실이다. 이에 대해서 '좋다/나쁘다good or bad'라고 말할 수는 있다. 하지만 그런 결과가 누군가의 의도 때문에 생겨난 게 아니기 때문에 '정의롭다/부정의하다just or unjust'라고는 할 수 없다."고 말이야. 따라서 자유주의자 입장에서는 사회 정의를 내세워 빈부 격차를 시정하려고 국가가 개입하는 일은 정당하지 않지.

요컨대 개인의 자유를 중시하는 자유주의 관점에서 볼 때, 시장경제는 개인의 자발적 선택을 보장해 주는 훌륭한 경제체제라고 할 수 있어. 시장경제는 신분의 제약을 자율적 선택인 계약 관계로 전환해 주는 좋은 제도인 거야. 그러니까 자유주의자의 주장에는 부를 축적할 권리, 재산권, 계약의 자유 등이 중요한 내용을 차지할 수밖에 없겠지?

여기서 잠깐  Dig Dig

자본가 계급은 왜 시민혁명을 지지했을까?

17~19세기 유럽에서 일어난 시민혁명을 가장 적극적으로 지지한 사람들은 누구였을까? 일반 평민보다는 자본가들이 그랬단다. 대체 왜?

중세에서 근대로 넘어가는 길목에는 제1계급인 성직자와 제2계급인 귀족이 있었어. 성직자와 귀족은 세금을 내지 않는 계급이었어. 세금은 제3계급인 평민만 내 왔어.

그런데 산업혁명이 일어나 사회가 급속도로 변화하면서 일반 평민 중에서 상업 혹은 상업적인 농업을 통해 새로 부를 축적한 자본가 계급이 생겨났어. 이들 상당수는 가톨릭보다는 개신교를 믿는 신자들이었어. 그래서 이들은 시민혁명 과정에서 과중한 세금 문제를 제기하는 한편 종교의 자유를 적극적으로 주장했단다.

자본가 계급이 시민혁명을 지지한 데에는 경제적인 이유도 있었어. 당시 농민들은 귀족인 영주들에게 예속된 상태였어. 노예 상태나 다름없었기 때문에 농노라고 불렀지. 그런데 산업혁명과 함께 공장이 많이 들어섰어. 물론 공장에서는 많은 일손이 필요하겠지? 하지만 일할 사람들은 귀족들의 지배를 받는 상황이야. 그래서 자본가 계급은 시민혁명 과정에서 거주 이전의 자유와 직업의 자유, 그리고 임노동 계약을 포함한 계약의 자유를 재산권과 함께 요구했단다.

자유주의의 변신은 자유?

어떤 생각이나 주장은 시대가 바뀌면서 달라지고 변화하는데, 자유주의도 마찬가지야.

자유주의는 무엇보다 개인의 자유를 가장 중시하는 사상이잖아? 그래서 개인의 자유를 침해하는 일이 무엇인지에 따라, 즉 무엇으로부터의 자유인지에 따라 달라져 왔어.

17~18세기에는 왕으로 상징되는 국가로부터의 자유를 추구했지. 신분적 예속에서 벗어날 자유와 종교의 자유, 재산권 같은 것을 당연히 중시했고 말이야.

19세기에 접어들면서 자유주의자들은 다수가 권력을 장악했을 때 소수의 자유가 침해될 수 있음을 우려하게 돼. 그 무렵 여러 나라에서 벌어진 혁명과 공산주의 사상의 확산을 겪거든. 그 때문에 자유주의는 루소의 주장에 기반을 둔 근대 민주주의 정신뿐 아니라 새로 등장한 사회주의와 대립하게 되었지.

이쯤에서 20세기로 넘어가 볼까? 20세기에는 사람들에게 충격을 준 사건이 여럿 있었어. 1929년 시작한 세계 대공황, 파시즘과 같은 전체주의의 등장, 그리고 두 차례의 세계대전 등이 벌어졌지.

먼저, 세계 대공황은 시장이 '보이지 않는 손'에 의해 자율적으로 조정이 이루어진다는 생각을 단번에 깨 버렸어. 당시 미국의 실업률이 40퍼센트를 넘나들었지. 그때의 기록영화를 보면 한 사람을 뽑겠다고 공고했더니 취업을 원하는 사람들이 4킬로미터나 줄을 서는 장

면이 있어. 이런 상황에서도 국가가 시장에 개입해서는 안 된다는 주장을 하면 어떻게 될까? 당연히 왕따를 당하겠지. 그래서 스미스의 고전경제학이 힘을 잃고, 케인스J.M. Keynes의 경제이론이 인기를 얻게 되었어.

케인스는 수요 부족 때문에 불황이 나타난다고 생각했어. 국가가 예산을 늘려 지출을 확대하면, 기업은 늘어난 수요를 고려해 새로 투자하겠지. 기업의 투자 증가는 고용 증대로 이어지고, 고용 증가는 가계 소득 증가를 낳겠지. 가계 소득 증가는 소비 증가로 이어지는데, 늘어나는 소비를 고려하여 기업은 투자를 다시 늘릴 거야. 결국 수요 부족으로 나타난 불황은 국가의 재정 운영을 통해 해결할 수 있다는 거지. 케인스주의를 한마디로 말하면, 시장에 대한 국가의 개입이라 할 수 있어.

실업도 문제지만, 빈부 격차도 골칫거리였어. 러시아 혁명이 터지고 사회주의가 확산하는 상황에서, 노사 간의 갈등이 점점 커지고 빈부 격차는 심화된 거지. 이때 영국에서 「베버리지 보고서」가 발간되는데, 보고서의 마지막 문장이 '요람에서 무덤까지'였어. 이 말은 태어날 때부터 죽을 때까지 국가는 개인의 안녕과 행복을 보장해야 한다는 복지국가 사상을 한마디로 표현한 거지. 복지국가 사상이 자유주의에 속하는 것은 아니지만, 자유주의자도 그 안에 담긴 주장을 일부 수용하게 된단다.

한편 파시즘과 같은 전체주의의 확산, 나치의 유대인 학살, 스탈린의 시베리아 강제 이주와 같이 거대해진 국가에 의한 인권 침해도 서구사회에 큰 충격을 주었어. 미국이 히로시마에 원자폭탄을 투하한 사건은 한 국가의 정책이 대규모 인명 살상으로 이어질 수 있음을 보여 주었지.

또한 20세기에는 런던의 스모그와 같이 산업화로 인한 부작용도 문제가 되기 시작했어. 이와 함께 인종 문제, 여성 문제, 성적 소수자 문제와 같은 새로운 인권 문제도 제기되었지.

경제 대공황과 빈부 격차 현상은 국가가 개인의 문제에 개입해서는 안 된다는 고전적 자유주의 시각에 변화를 가져왔어. 개인이 먹고 사는 문제를 해결하는 일은 그저 개인의 책임이 아니라 국가의 임무이기 때문에 적극적으로 개입해야 한다는 거야. 즉, '국가가 경제에 개

입해야 한다.'는 케인스주의와 복지국가 사상을 자유주의가 수용하게 된 거지.

음, 미국의 루스벨트 대통령 알지? 뉴딜 정책으로 유명한 대통령 말이야. 로크 이후 19세기까지 자유주의자는 작은 정부를 주장했고, 개인 간의 문제에 국가가 개입하면 안 된다는 생각을 버리지 않았어. 하지만 상황이 바뀌었으니 경제를 포함한 사적인 문제에도 국가가 개입해서 해결하는 방향으로 사회계약을 다시 체결하자는 의미로 '뉴딜 New Deal'이라는 표어를 내건 거야.

다른 한편, 국가의 개입은 파시즘 혹은 전체주의와 다를 바 없으며 개인의 자유를 침해하게 된다는 입장이 등장하는데, 이를 '신자유주의'라 부른단다. 신자유주의는 시장경제 체제인 '자본주의'만이 개인의 자율성을 보장할 수 있다고 주장한단다. 이 때문에 '시장 지상주의'라고도 부르고, 경제적 자유를 중심으로 이야기한다고 해서 '경제적 자유주의'라고도 불러.

음, 그렇다면 '언론·출판·집회·결사의 자유'와 같이 참정권을 중시하는 자유주의를 '정치적 자유주의'라 부를 수 있겠네?

여기서 잠깐  **Punch Line**

산아야, 자유주의자 중에는 시장과 자본주의를 절대시하는 사람들이 있다고 했지? 시장과 자본주의가 만든 사회의 모습은 밝은 면뿐 아니라 어두운 면도 있어. 이와 관련해서 눈에 띄는 노래가 있네. 2018년 우원재가 발표한 〈캐시cash〉라는 곡이야. 한번 들어볼래?

(전략)

돈 땜에 살어 돈 땜에 죽어
돈 땜에 울어 돈 땜에 헤매
돈 땜에 무려 돈 때론 무력
돈 빼면 무력 돈 땜에 숙여
돈, 돈, 돈, 돈 땜에 두려워
돈이면 돼요 돈 이게 사기템
돈이면 계속 멋지게 살어 damn
돈은 공평한데 때론 차별해 어때
돈은 자비롭지 근데 잔인해 어때
때 때 난 겁이 나 법이나 정이나 없대 돈 앞에는

(후략)

자유주의가 생각하는 정의, 자유, 평등은?

이제 자유주의에 대해 간단히 정리해 볼까?

자유주의를 주장하는 사람들은 일단 정치를 좁게 보려고 한단다. 개인의 문제를 제외한 공적 문제만을 정치적 결정의 대상으로 보거든. 자유주의자는 개인 간의 갈등에 정부가 개입해서는 안 되고 시장에 맡겨야 한다고 주장하지.

자유주의는 정의의 기준을 '개인의 자유와 권리를 보장하고 증진시키는가? 침해하지는 않는가?'에 맞추려는 경향이 있어. 따라서 국가의 개입을 반대하고 '작은 정부'를 지지하지. 정치를 좁게 보는 것도 이 때문이지. 다만, 공리주의적 성향을 가진 자유주의자는 '사회 후생과 사회적 효율성이 높아지는가?'라는 문제를 중요하게 여겨.

자유에 대해서는 개인의 자율성과 자유를 침해하는 일에 반대하기 때문에 '소극적 자유'를 중시하는 경향이 강하지. 평등에 대해서는 소득 분배를 수반하는 평등은 개인의 재산권을 침해하기 때문에 바람직하지 않다고 주장한단다. 그 대신 인격적으로 동등하게 대우해야 하며, 헌법이 보장하는 기본적인 권리는 동등하게 적용해야 한다고 생각해. 한마디로 평등의 실현은 '법 앞의 평등과 기회균등'에 그쳐야 한다고 주장하지.

3. 민주주의

민주주의? 그게 뭔데?

사람들에게 민주주의를 정의하라고 하면, '인민의of the people, 인민을 위한for the people, 인민에 의한by the people 정치'라고 답하는 경우가 많아. 그리고 민주주의 핵심은 '주권재민', 즉 국가 권력이 개인이나 소수 집단에 있는 것이 아니라 국민 전체에게 부여된 정치제도라고 해.

대부분의 사람들이 민주주의를 '바람직한 정치체제'라고 생각하는 것 같아. 그 이유는 민주주의가 지금까지 알려진 정치체제 중에서 다수 시민의 자유를 가장 잘 보장하기 때문일 테지.

서구에서는 일찌감치 민주주의를 수용하고 정착되었다고 이야기하지만, 사실은 달라. 서구사회에서 민주주의가 일반 시민에게 수용된 시기는 제2차 세계대전 이후로 본단다. 성인 남녀 모두에게 선거권이 주어지는 '보통 선거권'만 하더라도 20세기에 들어와서 인정되기 시작했잖아? 그전까지는 민주주의가 바람직하지 않다거나 바람직한 정치제도지만 현실에서는 작동하기 힘들다는 인식이 강했어.

인간은 '자유롭고 평등하다.'고 주장하는 자유주의는 비교적 빠르게 수용했지만, 민주주의는 왜 인정받기 어려웠을까? 그것은 인민, 즉 대중에 의한 통치를 뜻하는 민주주의의 개념과 관련되어 있어. '일반 대중이 과연 통치할 능력이 있는가?'라는 질문과 항상 맞닥뜨릴 수밖에 없거든.

우리 사회는 어떨까? 자유민주주의를 주장하면서도 독재 정권인 이승만 정권이나 박정희 정권을 옹호하는 사람도 있어. 어떤 이들은 스스로 민주주의자라고 자처하면서도 대중을 개·돼지라 부르며 이들의 요구를 들어주면 안 된다는 말까지 서슴지 않지. 대체 민주주의가 뭔데 다들 민주주의를 말하고, 심지어 민주주의를 싫어하면서도 좋아하는 것처럼 이야기할까? 늘 그랬듯이 민주주의라는 단어를 파헤치는 데서 시작해 볼까?

민주주의democracy는 인민을 뜻하는 '데모스demos, people'와 지배 혹은 권력을 뜻하는 '크라토스kratos'의 합성어야. 어원으로 보면 민주주의는 국가의 최고 권력인 주권이 인민에게 있는 정치체제, 다시 말해 인민이 스스로 지배하는 정치체제를 말하는 거야. 참, 여기에서부터 인민이라는 용어를 시민으로 바꾸어 쓸게.

먼저, 우리가 제1장에서 살펴본 '권력power'의 뜻을 떠올려 보자. 설마 까먹은 건 아니지? 상대방의 의사에 반해서 자신의 의사를 관철시킬 수 있는 능력, 즉 의사력을 권력이라고 정의했잖아?

따라서 국가의 중요한 결정이 시민의 의사 혹은 의지에 따라 내려질 때 그 국가의 정치체제를 민주주의라 할 수 있어. 다시 말해, 국가의 중요한 정책을 시민이 직접 내리거나 정책을 결정하는 자가 시민의 의사에 따를 때, 그 국가를 민주주의 체제라 할 수 있지.

여기서 잠깐  Punch Line

방탄소년단 노래 중에 <Not Today>가 있어. 그 노래에 이런 가사가 나와.

날아갈 수 없음 뛰어
Today we will survive
뛰어갈 수 없음 걸어
Today we will survive
걸어갈 수 없음 기어
기어서라도 gear up

이 노랫말은 1960년대 마틴 루터 킹 목사의 연설 중 한 대목을 오마주한 거야. 그는 이렇게 말했어.

"날지 못하면 뛰어요. 뛰지 못하면 걸어요. 걷지 못하면 기어서라도 우리는 계속 나아가야 합니다. If you can't fly, then run. If you can't run, then walk. If you can't walk, then crawl. But whatever you do, you have to keep moving"

킹 목사가 누구냐고? 1960년대 미국에서 흑인 인권 운동을 이끈 지도자 중의 한 분이야. 음, 킹 목사와 관련한 영화 중에 〈셀마〉가 있는데, 이 이야기를 잠깐 해볼까?

1800년대 중반 미국에서 남북전쟁이 일어났고, 링컨이 이끌던 북부가 승리하면서 흑인 노예 해방이 이루어진 건 알지? 그런데 현실은 어땠을까? 노예 해방 이후에도 흑인에 대한 차별은 여전히 심했어. 1960년대까지도 백인이 다니는 학교에서는 흑인의 입학을 허용하지 않았어. 1870년에 개정된 헌법으로 흑인에게 명목상 투표권이 부여되었지만, 일부 주에서는 사실상 투표권을 행사할 수 없었고 말이야.

흑인에 대한 차별은 남부에서 특히 심했지. 이런 상황에서 1965년 '셀마 행진'이라는 사건이 발생했단다. 셀마 행진의 시작은 1965년 3월 7일 앨라배마주 셀마 시에서 흑인들이 "투표하게 해 달라!"고 요구하며 이루어진 평화행진이었어. 그런데 그날 경찰은 채찍까지 동원해서 시위를 진압했단다.

이에 항의하여 시작한 제2차 평화행진에는 킹 목사도 참여했지. 그런데 행진과정에서 시위 참석자들이 백인 인종차별주의자에게 사망한 사건이 발생한 거야. 이 때문에 시위가 미국 전체로 퍼져 나갔지.

흑인 인권 운동을 지지한 많은 사람은 이에 굴하지 않고 세 번째 평화행진을 시도했어. 제3차 행진에서 폭력 사태가 발생할 것을 우려한 당시 대통령 존슨은 연방 군대를 파견해 시위대를 보호했고, 시위대는 셀마 시에서 주의 수도인 몽고메리 시까지 행진할 수 있었어.

그 후 1965년 8월 연방의회는 '투표 권리법'을 통과시키고, 흑인들은 그제야 실질적인 투표권을 획득했단다. 첫 시위가 일어난 3월 7일을 기념하는 행사는 아직도 이어지고 있어.

산아야, 시간 내서 영화 〈셀마〉 한 번 볼래?

직접 민주주의와 간접 민주주의

그리스 아테네에서 시작한 민주주의는 현대에 와서 대의제 민주주의라고 부르는 간접 민주주의로 제도화되었어. 민주주의는 시민이 통치하는 정치를 말하는데, 시민이 직접 통치하는 정치를 직접 민주주의라 한다면, 대표를 통해 통치하는 정치를 간접 민주주의라 해. 시민이 자신의 의사를 직접 표출하고 결정하는 직접 민주주의와 달리 간접 민주주의는 대표가 민의를 대변하고 결정한다는 점에서 대의제 민주주의라고도 하지.

알다시피 아테네의 민주주의는 직접 민주주의였어. 기원전 6세기경 아테네에서는 클레이스테네스에 의해 30인 독재가 종식되고 민주주의라 불리는 정치제도가 만들어졌단다. 당시 아테네 정치는 민회와 평의회, 그리고 시민 법정을 통해 운영되었지. 아테네 정치를 직접 민주주의라 부르는 이유는 시민으로 구성된 민회가 최고의 권력기관이기 때문이야. 노예와 여성을 제외한 모든 시민은 평등한 존재로 인정받고 민회를 포함한 대부분의 공직에 시민이 직접 참여할 수 있었지.

민회는 우리나라로 치면 국회와 같은 건데, 선거로 뽑은 대표로 구성하는 게 아니라 추첨 방식으로 구성한 기구였어. 누구나 민회에 참여하고 싶으면, 즉 국회의원이 되고 싶으면, 자신의 이름을 적은 조개껍질을 함에 넣었지. 그중에서 추첨으로 의원을 뽑은 거야.

민회가 정한 정책을 집행하는 기구는 역시 추첨을 통해 선출된 500~600여 명의 집정관으로 구성된 평의회였어. 물론 평의회와 집정관은 민회와 시민 법정의 통제를 받지. 민회와 평의회에서 공익을 저버리고 개인의 이익을 앞세우는 경우 아테네 시민들은 언제나 탄핵(소환)할 수 있었단다.

대표를 따로 두지 않고 시민이 직접 정치의 장에 참여해서 중요 결정을 내리면 직접 민주주의이고, 대표를 선출하고 대표를 통해 중요 결정을 내리면 대의제 민주주의라 생각하는 경우가 많아. 그런데 산아야, 아테네가 민주주의를 운영한 방식을 살펴보면 대표를 따로 두고 있었잖아? 그런데 왜 직접 민주주의라고 이야기할까? 그것은 대표를 선출하는 방식과 소환제도 때문이야.

잠깐 상상해 봐. 선거를 통해 대표를 선출한다면 아무래도 유명 인사나 말솜씨가 좋은 사람, 선거 운동을 위해 사람들을 동원할 돈도 있고 조직도 있는 사람이 유리하겠지? 다시 말해, 학식도 있고 돈도 있는 '엘리트'에 의해 국가가 운영될 수밖에 없어.

반면, 추첨으로 대표를 선출한다면 유명 인사가 아니더라도, 부자가 아니더라도 대표가 될 수 있어. 게다가 시민의 의사와 다른 결정을 내리는 대표자나 집정관은 언제나 소환할 수 있지. 그러니까 국가의 정책이 엘리트에 의해 좌우되는 게 아니라 일반 시민이 결정하는 구조인 거야.

현대로 오면서 민주주의는 대의제 형태로 제도화되었다고 했지? 우리나라의 예를 보면, 직접 민주주의 제도는 국가 차원에서 국민투표가 있고, 지방자치 차원에서는 주민투표와 주민소환 제도 등이 도

입되어 있어. 제한적으로만 직접 민주주의를 적용한 거지. 현대 사회에서 대의제를 중심으로 민주주의가 제도화된 까닭은 국가의 규모가 너무 커져서 시민이 정치에 참여하는 게 쉽지 않기 때문이야.

미국이 영국에서 독립할 당시 이런 일이 있었대. 헌법을 제정하려고 제헌의회를 소집했는데, 모든 주의 대표가 모이는 데 두 달 가까이 걸린 거야. 국가의 크기가 너무 크고 인구도 많아진 거지.

지금의 우리나라를 생각해 보더라도 시민 모두가 민회에 모이는 건 불가능해. 대다수 시민은 먹고사는 문제에서 자유롭지 못하잖아? 생계를 내팽개치고 정치에 참여하는 일은 쉽지 않지. 나아가 현대 사회의 여러 문제는 너무나 복잡해서 일반 시민으로 구성된 민회에서 사안을 결정하고 처리하는 게 불가능할지도 몰라.

이런 현실 속에서 시민이 통치하는 민주주의의 이상을 실현할 좋은 방법이 없을까? 소수의 대표가 국가를 통치하되, 시민이 대표를 뽑고, 대표가 책임을 지도록 제도화하는 건 어떨까? 바로 이것이 대의제 민주주의를 제안한 사람들의 생각이었단다.

여기서 잠깐  What's up?

우리 손으로 대표를 뽑으면 민주주의가 실현될까?

산아야, 초등학교 때부터 반에서 반장이나 회장을 뽑아서 학급을 운영하고 학급회의를 열어 중요한 결정을 내린 경험이 있지?

아빠가 학교 다닐 때는 반 아이들이 뽑았든 담임 선생님이 지명했든 상관없이 반장의 역할은 담임 선생님이 지시한 일을 하는 거야. 때로는 떠드는 친구들 이름을 칠판에 적는 일도 하고, 담임 선생님한테 권한을 위임받아서 친구들에게 일을 시키기도 하고. 고등학교 때는 교련이라 부르는 군사훈련을 받았는데, 그때 반장은 중대장 역할을 했지.

학창시절 경험을 돌아보면 친구들이 투표로 반장을 뽑는 경우 대의제라고 할 수 있는데, 운영방식은 민주적이라고 말할 수 없었어. 대표를 둔다고 해서 곧바로 대의제 민주주의가 실현되는 건 아니야.

지금은 어때? 담임 선생님마다 좀 다르다고?

음, 위원을 선출하면 위원이 안건을 종합하고 학급회의를 통해 결정한다고? 아빠가 직접 관찰한 건 아니지만, 산아 이야기를 들어보니 요즘의 학급 운영방식은 아테네의 방식과 비슷한 직접 민주주의에 가깝겠다.

지금은 아빠가 학교 다닐 때와는 많이 달라진 듯해. 민주화 이전과 이후의 차이라고? 하하, 그럴지도 모르겠다.

민주주의가 작동하려면 어떤 조건이 필요할까?

'시민의 자기 지배'라는 민주주의의 이상을 실현하려면 어떤 조건이 필요할까?

민주주의 국가라면 시민의 의사가 곧 국가의 정책이 되어야 해. 이를 위해서는 모든 시민이 자유롭게 정치적 판단을 할 수 있고, 표출할 수 있어야겠지? 이 이야기를 조금 더 살펴보자.

먼저, 모든 시민은 '무엇이 좋은지 옳은지' 혹은 '무엇이 정의이고 공익인지'에 대한 판단을 자유롭게 할 평등한 권리를 지녀야 해. 자신에게 영향을 미칠 일에 대해 충분한 정보를 제공받고 스스로 결정할 수 있는 평등한 권리 말이야.

예를 들어 전력 생산을 위해 원자력발전소를 건설할지 다른 대체 수단을 찾아야 하는지, 일본의 경제 도발에 대해 어떻게 대응해야 하는지, 대통령제를 유지할지 아니면 의원내각제로 개헌할지와 같은 사안에 대해서 누구의 강요를 받지 않고 자유롭게 판단할 권리 말이야.

이런 결정을 하는 데 정보가 부족하거나 가짜 뉴스처럼 잘못된 정보를 제공받는다면 무엇이 자신에게 옳은지 판단할 수 없으니까 충분한 정보를 제공받을 권리도 빼놓을 수 없어.

더 나아가 스스로 내린 판단을 자유롭게 표출하고, 정책 결정 과정에 아무런 제한 없이 참여할 수 있어야 해. 또한 이렇게 표출된 개개인의 주장은 동등하게 고려되어야 해. 따라서 양심과 사상의 자유, 언론·출판·집회·결사의 자유가 평등하게 보장될 때 민주주의가 작동할 수 있어.

둘째, 직접 민주주의라면 모든 시민이 정책 결정의 장에 참여할 수 있어야겠지. 대의제 민주주의라면 모든 시민이 평등하게 정부 구성에 참여할 수 있는 '보통·평등 선거 제도'가 갖추어져야 하고, 시민의 의사를 균형 있게 반영하고 대표할 수 있는 '비례성·대표성'이 높은 선거 제도가 필요할 거야. 지역이나 인종, 성별, 종교, 신분을 이유로 차별받지 않고 모든 시민이 투표권을 가질 뿐 아니라 1인 1표 원리에 따라 평등한 투표권을 가져야 한다는 뜻이야. 한 국가에 살고 있는 모든 시민의 이익이 평등하게 대표되려면 정당의 지지율과 국회 의석 분포가 비례해야겠지. 더불어 대표자들은 시민의 요구에 반응하고, 그에 반하는 결정을 내릴 때 책임을 물을 제도적 장치가 필요하지.

그런데 유권자가 자신의 이익을 대표할 후보자나 정당이 없다면 어떻게 될까? 막말로 '그놈이 그놈'이라면 말이야. 당연히 유권자의 다양한 이익을 대표할 수 없겠지. 일당 독재는 민주주의와 어울리지 않으며, '경쟁이 자유로운 선거가 민주주의의 핵심'이라는 말은 이런 뜻에서 나온 거야.

1954년 이후 사실상 한 정당이 항상 권력을 장악한 일본은 외형으로는 민주주의처럼 보여도 시민의 이익과 무관한 정치가 이루어지고 있어. 대형 비리가 터져도 해당 정치인은 어떠한 책임도 지지 않아. 그러니 일본 사회가 점차 활력을 잃어 가는 것 같아. 선거가 경쟁적으로 치러져야 서로 다른 입장을 가진 시민의 정치적 입장과 선호를 대표

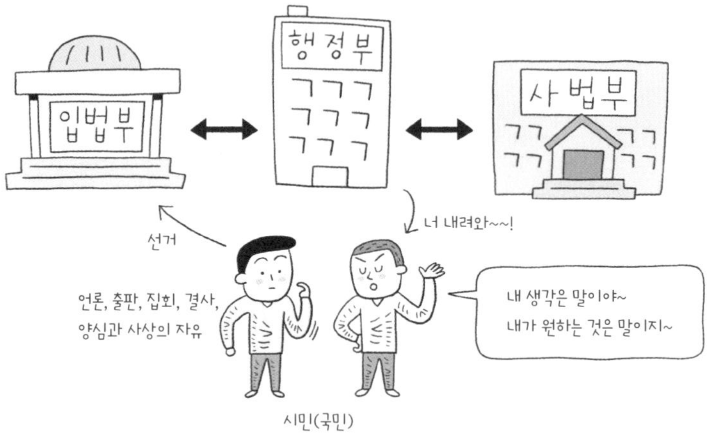

할 수 있거든.

또한 주기적으로 선거를 치러야겠지. 대표자가 선거에서 제시한 공약을 내팽개치고 다른 정책을 통과시키거나 대표자 개인의 이익을 추구하는 경우, 다음 선거에서 그 책임을 물을 수 있으니까. 그래서 '주기적 선거가 민주 정부의 책임성을 보장한다.'는 말이 나온 거야.

두 이야기를 묶어 정리해 볼까? 시민권이 법적으로 보장된 상태에서 유권자는 후보자나 정당이 제시한 공약을 보고 자유롭게 지지하고, 더 많은 지지를 얻은 정치세력이나 정당이 의회 다수파가 되고 권력을 위임받는다면 대표성이 확보되었다고 말할 수 있어. 그리고 정권을 쥔 정치세력이나 정당의 통치 행위에 대해 시민들이 다음 선거에서 책임을 물을 수 있다면 민주주의라 할 수 있지.

시민이 직접 통치하지는 않지만, 대의제에서 '대표성'과 '책임성'이

충족된다면 시민은 자신의 의사에 따라 통치할 수 있다는 뜻이야. 그래서 '시민권의 법적 보장'과 '대표성 · 책임성'은 대의제가 민주주의 제도로 작동하기 위한 최소한의 조건이라고 이야기한단다.

또한, 적극적 자유를 이야기할 때 살펴보았듯이 재산이 상당한 정도로 평등하게 분배되어야 해. 경제적 불평등이 정치적 불평등으로 이어져 시민의 권리가 사실상 의미가 없어질 수도 있기 때문이야.

자, 이제 민주주의를 둘러싼 다양한 주장을 살펴보기 위한 준비 작업이 끝난 것 같구나. 아빠는 민주주의에 대한 여러 주장이 그야말로 '아' 다르고, '어' 다르기 때문에 여러 각도에서 따져 볼 생각이야.

대의제 민주주의의 실제 모습은?

산아야, 시민의 대표자로 선출된 사람들은 우리 시민의 이익을 대변하고 있을까? 시민이 선출한 대표가 통치하는 미국은 과연 시민의 의사에 따라 운영되는 국가일까?

앞서 우리는 미국의 의료보험 체계를 이야기했지. 돈의 논리에 따라 운영되는 미국의 의료제도를 말이야. 몇 년 전에는 '디몬테 드라이버'라는 아이가 치주염 치료를 받지 못해 사망한 일이 있었어. 세계에서 가장 부유한 나라이자 발전된 의료기술을 가진 나라에서 단지 돈이 없어서 말이지. 미국의 의회와 행정부는 과연 시민의 이익과 주장을 대변하고 있다고 말할 수 있을까?

2010년대 들어 미국에서는 교육개혁이라는 이름으로 공립학교가 폐쇄되고 있어. 이를테면 2013년 시카고 시는 50개에 달하는 공립학교를 폐쇄했단다. 적자를 내서 폐쇄된 학교들은 빈곤층이 사는 지역에 있었어. 당시에 학생들은 교육 받을 권리를 요구하며 시위했지. 그런데도 시카고 시는 꿈쩍도 하지 않았어.

우리나라도 크게 다르지는 않은 것 같아. 국회에서는 수많은 민생 법안이 낮잠을 자고, 당장에 표가 안 되고 돈이 안 되는 사안에 대해서는 정치인이 반응을 안 하지. 반면 거대기업이나 강력한 이익집단의 요구에 대해서는 발 빠르게 반응해. 현실에서 민주주의의 모습은? 선진 민주주의 국가에서조차 대표자는 시민들의 요구에 잘 반응하지 않고, 권력은 더 이상 시민의 손에 있지 않아.

논리적으로 보더라도 대의제 민주주의는 한계가 있어. 대의제 민주주의는 직접 민주주의보다는 실현하기 쉽지만, 다원 사회에서는 시민의 의사를 하나로 묶어 내는 일이 애초에 불가능해. 선거가 끝나면 언론들은 '표심은 민심이다!'라고 떠들지만, 너무도 다양한 가치관과 이익을 공약 몇 개로 집약하는 일은 애초에 불가능하거든.

그렇다면 책임성이라도 확보해야 하는데, 이것도 불가능하단다. 우리나라만 보더라도 당선된 이후에 공약을 바꾸어 버리는 일이 비일비재하고, 유권자들도 대표자가 공약을 다 지키지 못한다는 걸 이미 알고 있지. 다음 선거에서 낙선시키면 된다고 하지만, 어떤 정책을 실현하지 못한 이유가 국회가 발목을 잡았기 때문인지 행정부가 문제였는지 모호한 경우가 종종 생기지. 게다가 선거가 개별 정책에 대해 책임

을 묻는 것도 아니잖아?

애초에 대의제 민주주의는 민주주의의 이상을 구현하는 제도가 되기에는 부족한 면이 많아서일까? 혹시 아빠가 제1장에서 제기한 것처럼, 대의제가 시민의 정치참여를 배제하고 엘리트에 의해 통치가 이루어지는 제도이기 때문일까? 대의제는 이론적으로 그리고 현실적으로 '대표성'과 '책임성'을 충족시킬 수 없는 제도인지도 몰라.

심지어 정치학자 중 일부는 시민의 적극적 참여를 본질로 하는 민주주의는 실현 불가능하다거나 바람직하지 않다는 논리를 펴고 있거든. 이들은 민주주의라는 이름으로 반민주적인 주장을 확산시키고 있어. 이제부터 그 이야기를 들어볼까?

민주주의는 실현 불가능하다고?

시민들은 공적인 문제에 적극적으로 참여하려고 하지 않기 때문에 민주주의는 작동할 수 없다는 주장이 있어. 선진 민주주의 국가들을 보면 정치적 무관심이 높아지고 투표율은 계속 하락하고 있다고 해. 이웃 나라 일본만 하더라도 시민들은 정치에 관심이 별로 없다고 하잖아? 한국도 예외는 아니어서 민주화 이후에 투표율이 계속 낮아졌어. 왜 그럴까?

이 현상의 원인을 개인의 이익만을 좇는 인간의 본성 때문이라고 설명하기도 한단다.

유권자가 10만 명인 선거구가 있다고 해볼까? 5명의 후보가 출마했는데, 여론조사 결과 압도적 선두를 달리는 후보자가 있고 나머지 4명은 당선 가능성이 거의 없는 상황이야. 1위 후보자를 지지하는 유권자라면 나 한 사람 투표에 불참한다고 해도 그 후보가 낙선할 거라고 생각하지 않겠지. 반대로 당선 가능성이 없어 보이는 후보를 지지하는 유권자라면 내가 투표장에 가서 찍는다고 해서 그 후보가 당선되리라 기대하지 않을 거야. 결국 유권자들은 누구를 지지하든 투표장에 갈 필요성을 느끼지 못한다는 거지. 이른바 'n-1(나 하나 빠진다고 해서…)'과 '$\frac{1}{n}$(나 하나 참여한다고 해서…)'의 논리 때문에 시민들은 정치에 참여하지 않는다고 해.

이런 경우는 어때? 정부가 쌀 시장을 개방하기로 했어. 농민들은 값싼 수입쌀이 대량으로 수입되면 쌀값이 폭락하고 쌀 농가는 파산할지도 모른다는 걱정이 들어. 그래서 농민회에서 쌀 시장 개방 반대 시위를 하기로 했어. 과연 이 시위는 성공할 수 있을까? 이 경우에도 'n-1'과 '$\frac{1}{n}$'의 논리가 작동해. 모든 농민이 내가 참여한다고 해서, 내가 빠진다고 해서 결과가 달라지지 않는다고 생각한다면 결국 시위는 성공할 수 없다는 거야.

이와 비슷한 논리로 '집단행동의 딜레마'라는 개념이 있어. 사익을 추구하는 합리적 인간은 집단행동에 참여하여 얻는 이익은 극히 적은데 비용이 큰 경우 집단행동에 참여하지 않는다는 거야. 예를 들어, 5만 명으로 이루어진 집단인데, 집단행동으로 5천만 원의 이익이 나오는 경우가 있다고 하자. 그리고 5명으로 이루어진 집단인데, 집단행동으로 5천만 원의 이익이 나오는 경우가 있어. 원하는 결과를 얻을 때 앞의 경우는 1인당 1천 원의 이익을, 뒤의 경우는 1인당 1천만 원의 이익을 얻겠지? 합리적 인간이라면 기껏 1천 원 때문에 집단행동을 할까? 게다가 집단행동을 할 때 비용도 발생하고 말이야.

혹시라도 시위 같은 집단행동이 성공해서 그 요구가 정책에 반영된다면 어떨까? 참여하지 않은 사람도 그 혜택을 누릴 수 있어. 시위에 참여하지 않고 공짜로 말이야. 이처럼 비용은 부담하지 않고 이익만 얻으려는 행동을 '무임승차free-ride'라고 하는데, 무임승차 현상은 어떤 사안과 관련된 사람들의 수가 많을수록 더 쉽게 나타나겠지? 예를 들어 5명으로 구성된 집단과 1만 명으로 구성된 집단을 비교하면, 구성원이 적을수록 무임승차자를 배제하기 쉬운 반면 구성원이 많을수록 배제하기 어렵거든.

집단에 이익이 되는 일이라도 사익을 추구하는 개인들 때문에 집단행동은 실패하고 개인에게도 아무런 이익이 돌아가지 못하는 딜레마에 빠진다는 거야. 한마디로 공익과 사익은 조화되기 힘들다는 건데, 집단행동의 딜레마, 무임승차 등은 이를 설명하는 대표적인 논리란다.

이 논리에 따르면 다수의 이익과 관련된 정책 문제에 대해서는 다수 시민이 침묵할 것이고, 소수의 이익과 관련된 정책 문제에 대해서는 소수가 적극적으로 참여하겠지? 정치인은 침묵하는 다수가 아닌 조직된 소수의 이익을 위해 법을 제정하고 정책을 입안하려 할 테고. 결국 다수 시민의 참여를 전제로 작동하는 민주주의는 실현될 수 없다는 거야.

음~ 맞는 말 같긴 한데, 그렇지 않은 사례도 많아. 이 논리에 따르면, 촛불시위나 'NO 아베' 슬로건을 내건 일본 제품 불매운동에 대한 우리 시민들의 참여율이 낮아야 해. 그런데 현실은 굉장히 적극적으로 참여했잖아?

민주정치는 바람직하지 않다고?

산아야, 서구사회에서도 민주주의는 쉽게 수용되지 않았다고 했지? 왜 그랬을까? 엘리트 혹은 배운 사람들이 생각할 때, 민주주의는 대중이 정치권력을 장악하고 휘두른다는 점이 늘 문제된 거야.

산아도 대중을 가리켜 '근본도 모르는 천한 것들' '개·돼지들'이라

고 폄하하는 이야기를 들어보았을 거야. 사실 '대중은 변덕스럽고, 충동적이며, 판단력도 없고, 눈앞의 이익만 좇는 이기적 존재'라는 생각이 알게 모르게 각인되어 왔어. 게다가 현대 사회의 문제는 전문성이 높고 기술적으로도 복잡한데, 대중에게 통치를 맡기면 국가가 망한다는 식의 주장도 만만치 않아.

대중에 의해 통치rule by people되는 민주주의는 우매한 대중에 의한 통치(중우정) 혹은 대중의 인기에만 연연하는 포퓰리즘으로 귀결될 수밖에 없다는 거지. 한마디로, '대중은 합리적이고 성숙한 판단을 내릴 능력이 없기에 민주주의는 바람직하지 않다.'고 주장하는 거야. 음, 이런 논리는 현대판 '철인 통치'라 해도 될 것 같은데?

이들 주장에 대해 이런 질문을 던지면 어떨까? 전문가들은 정말 현대 사회가 당면한 문제들에 대해 늘 정확하게 파악할까?

한국에서 구제역이 퍼지면서 돼지 농가가 파산하고 삼겹살 가격이 폭등하던 때, '다른 동물이 걸리는 전염병이 인간에게 감염될 일은 없다.'면서 장관들이 TV에 나와 돼지고기 시식회를 연 적이 있어. 코미디를 보는 것 같았지. 2008년 이명박 전 대통령은 같은 논리로 광우병에 걸린 소고기를 먹는다고 사람이 광우병에 걸리는 건 아니라고 했어.

2015년에는 낙타로부터 옮아 온 '메르스' 바이러스에 감염된 환자가 속출했어. 그때 보건복지부 장관은 예방법으로 낙타와의 접촉을 피하라는 포스터를 만들어 배포하기도 했어. 더구나 2차 감염은 없다면서 걱정하지 말라고 했지.

그런데 현실은? 4차 감염 사례까지 발생했고, 많은 사망자가 나왔어. 어찌 보면 전문가란 일반인보다 조금 더 많이 아는 사람일 뿐이지 모든 문제를 정확히 아는 사람은 아니야. 그런데도 전문가라고 으스대며 독단과 독선에 빠진 경우가 많지.

한 가지 더 질문을 던져 보자. 국회의원은, 장관은, 검사는, 판사는 정말로 일반 시민보다 더 합리적이고 옳은 판단을 내릴 능력이 있는 사람들일까? 그들은 사익을 배제하고 오로지 공익만을 앞세울까?

어떤 사람은 '민주주의는 인간이란 누구나 편견을 가질 수 있고 완

벽한 진리를 알 수 없다는 가정에서 출발해 운영되는 정치제도'라고 말해. 그 누구도 모든 것을 잘 알지 못하기 때문에 다른 사람의 의견에 귀를 기울여 자신의 편견을 깨고, 상호 신뢰와 책임감을 바탕으로 사회적 합의를 이끌어 내고, 이렇게 도출된 합의에 따라 문제를 해결하는 정치제도라는 거야. 누군가의 의지에 따라 복종하지 않고 국가의 중요한 결정을 시민 스스로가 판단하기 때문에 시민이 자유로운 정치제도인 거지.

여기서 잠깐  What's up?

민주주의는 엉망진창?

미국 대통령을 지낸 버락 오바마 알지? 그는 2016년 카네기멜론 대학에서 이런 말을 했어.

"민주주의는 방향을 못 잡고 이리저리 표류하는 난파선과도 같다는 이야기를 많이 하는데, 원래 그럴 수밖에 없고, 그런 것이 민주주의입니다."

사실 권위주의 체제와 비교하면 민주주의는 무슨 놈의 말이 그리 많은지, 정신이 없잖아?

오바마는 기업이 어떤 제품을 개발할 때는 제품을 구매할 능력이 없는 가난한 사람들을 고려할 필요도 없고, 그것이 사회에 미치는 영향도 생각할 필요가 없지만, 정부는 그렇지 않다고 이야기했어.

기업을 경영하는 사람은 시장점유율, 매출액, 이익이 되는지를 따져 보고 결정하면 돼. 그러나 정부는 산불로 인한 화재 피해자들을 돌봐야 해. 그것이 경제에 이익인지 아닌지와 무관하게 말이야. 범죄 없는 마을이라도 시민의 안전을 위해 파출소를 운영해야 하지. 때로는 산간벽지에 사는 주민들의 이익을 위한 사업을 추진해야 해. 그러면서도 기업인, 자영업자, 노동자, 농민, 어부, 주부, 학생 등 다양한 계급과 계층 사람들의 이익을 한데 묶어 내야 하지. 이 과정은 가장 큰 이익이 무엇인지 계산기를 두드리는 일과는 그 성격이 달라.

민주주의가 엉망진창messy인 것처럼 보이는 이유가 여기에 있다는 거야. 자신이 어떤 사안에 대해 백 퍼센트 옳은 일이라는 확신이 들더라도 다른 의견을 가진 사람을 참여시키고 타협해야 해. 이게 정치거든.

또 다른 이는 사회적으로 합의된 결과가 자신의 가치관과 맞지 않거나 손해로 이어진다고 생각하며 열 받고 분노할 수도 있잖아?

민주주의는 현명한 사람이 옳은 결정을 조용히 내리는 제도가 아니야. 서로 다름을, 때로는 자신의 생각이 틀릴 수도 있음을 인정하고, 대화와 토론을 통해 타협과 합의를 이끌어 나가는 정치가 민주주의야.

서로 다른 생각과 가치관을 가진 사람들로 이루어진 사회에서는 상호인정과 상호이익을 추구해야 각자의 권리와 가치관을 보호할 수 있어. 그래서 민주주의는 시민의 자유를 보장해 주는 거야.

엉망진창처럼 보이기 때문에 뛰어난 누군가의 통치를 받는 것이 낫다고? 아니, 그런 사회에서는 시민의 자유는 사라지고 지배만 남게 될 거야.

민주주의는 자기 파괴적인 제도라고?

산아야, 극단적인 보수주의자와 일부 자유주의자는 민주주의를 자기 파괴적인 제도라고 비판해 왔단다. 그러면서 18~19세기에 일어난 프랑스 혁명을 예로 들지.

1789년 프랑스에서는 시민혁명이 일어났고, 루이 16세는 단두대에서 처형되었어. 이 역사적인 사건에 대해서는 한 번쯤 들어보았지? 왕이 사라지자 프랑스는 혼란에 빠졌어. 이때 파리 시민들이 지지하는 자코뱅 당의 로베스피에르Maximilien de Robespierre가 권력을 잡았지. 그는 특권을 누리면서도 세금은 한 푼도 내지 않는 교회의 토지를 몰수하여 시민들에게 나누어 주고, 신분제를 폐지했어.

하지만 그는 공포정치를 펼쳤고, 무려 1만 7천여 명이 단두대에서 목숨을 잃었지. 이 때문에 그를 '독재자이자 극단적인 평등을 추구한 인물'이라고 평가한단다. 하지만 기득권을 잃지 않으려는 교회의 성직자와 일부 귀족이 자코뱅 당의 지도자를 암살하고 외국 정부와 결탁하여 군대를 끌어들였기 때문에 처형했다는 평가도 있어. 음, 여기서는 민주주의를 비판하는 사람들의 생각을 듣기로 했으니까 그 이야기는 관두고 그 이후의 사건을 살펴보자.

로베스피에르의 공포정치에 반대해서 '테르미도르 반동'이라 불리는 반혁명이 일어났어. 하지만 권력을 잡은 이들은 무능했고, 다시 혼란에 빠졌어. 이때 등장한 인물이 바로 나폴레옹이야. 나폴레옹은 혁명의 계승자로 자처하며 권력을 잡은 후 국민투표를 통해 황제가 되었어. 나폴레옹은 유럽 각국과 전쟁을 통해 대제국을 건설하려고 했는데, 결국은 반프랑스 동맹과의 전쟁에서 패했어. 그러고는 왕정이 복구되었지.

하지만 새로 즉위한 왕은 다른 국가들의 꼭두각시에 불과했고, 영화 〈레미제라블〉에 나오는 것처럼 귀족들과 가진 자들의 횡포가 극에 달했지. 결국 1830년과 1848년에 다시 혁명이 일어나 공화국이 성립되었어. 그러나 얼마 지나지 않아 나폴레옹의 조카인 나폴레옹 3세가 국민투표로 대통령이 되고, 대통령이 된 나폴레옹 3세는 스스로 쿠데타를 일으켜 황제가 되었지.

1789년 이후 프랑스의 100년간의 역사는 '혁명 → 독재 → 왕정 → 혁명 → 독재'라는 과정을 밟았다고 할 수 있어. 민주주의를 반대하는 사람들은 이런 이야기를 해.

"민주주의 사상에 의해 고취된 혁명은 평등을 열망하는 다수 가난한 사람들의 적극적 지지로 성공할 수는 있어. 하지만 평등을 향한 대중의 열망이 결국 있는 자들의 자유와 재산권을 침해하는 '다수의 독재'로 귀결되고, 심지어 자신들의 자유까지 상실하는 결과로 끝날 수밖에 없어."

여기서 '평등을 향한 대중의 열망'이 뭐냐고? 예를 들면, "너는 금으로 된 욕조가 있잖아. 우리도 똑같은 욕실을 가질 권리가 있어."와 같이 절대적 평등을 추구하는 대중의 열망을 말해. 이런 열망이 강력한 권력을 만들고, 그 권력 때문에 개인의 자유가 사라지게 된다는 주장

이야. 민주주의는 필연적으로 대중의 인기를 좇는 포퓰리즘으로 귀결되고, 그것은 독재와 경제 위기로 이어진다는 거지.

다시 말해 '민주주의와 시민의 자유는 양립할 수 없고, 민주주의는 결국 시민의 자유를 추구하는 민주주의를 파괴한다.'는 거야. 민주주의를 '시민의 자기 지배'라는 의미로 이해해서는 안 된다는 주장과도 상통해. 민주주의는 시민의 의지에 의한 통치가 아닌, 시민에게 대표자를 선출할 권리만 부여한 정치제도이고, 그래서 대표에 의해 통치되는 정치제도로 바꾸는 게 바람직하다는 거지.

헛, 민주주의를 비판하면서도 수용하기는 하네? 다만, 민주주의 자체가 아니라 '대의'민주주의나 '자유'민주주의처럼 수식하는 단어를 더 중시하는구나!

자유민주주의만 바람직한 정치제도라고?

지금 이야기를 들어보니, 시민혁명과 함께 고개를 든 로크의 생각과 루소의 생각, 즉 자유주의와 민주주의는 서로 조화롭기 힘든 것 같다, 그치?

로크의 사상에서 출발한 자유주의는 권력을 제한해야 한다고 주장했잖아? 개인의 자유를 이야기할 때도 19세기에는 권력으로부터의 자유, 즉 소극적 자유를 강조했지? 반면 루소의 사상에서 출발한 근대 민주주의는 시민 권력의 창출을 주장했어. 이는 권력에로의 자유, 즉 적극적 자유를 뜻하지.

이 지점에서 충돌이 일어날 수밖에 없겠구나! 한쪽은 권력을 제한하려 하고 다른 한쪽은 다수의 권력을 만들려고 하니까. 당구대 위에서 부딪힌 두 개의 당구공처럼 서로 융화되지 못하고 튕겨 나갈 수밖에 없는 관계네? 19세기에는 민주주의와 자유주의가 이처럼 대립하는 사상이었어.

그런데 자유주의 사상은 난처한 상황에 빠지게 된단다. 자유주의는 모든 개인이 평등하다고 주장하면서도 '투표권과 같은 정치적 권리를 다수 시민에게 부여해서는 안 된다.'고 말하는 자기모순에 갇혀 있었거든. 소극적 자유에는 참정권이 포함되지 않잖아? 대중은 우매하니까 합리적이면서도 성숙한 판단을 내릴 사람이 통치해야 한다는 주장 또한 '평등한 인간'이라는 개념과 모순되고 말이야.

물론 현실적으로도 문제가 있었어. 모든 시민이 투표권을 가지게 되면 다수가 권력을 장악할 수 있잖아? 이를 막으려면 시민의 권리를 제한해야 하지만, 프랑스 혁명처럼 체제 자체가 뒤집힐 수도 있다는 고민거리가 생겨났지.

어떡하지? 자유주의는 결국 민주주의를 수용할 수밖에 없었단다. 민주주의를 수용하기는 하지만, 민주주의의 실질적 의미가 아닌 '절차'에 국한하여 받아들이는 식으로 타협한단다. 이런 민주주의를 '자

유민주주의'라 불러. 민주주의의 내용은 다수 시민의 동의에 의해 정부를 구성하는 데까지만 수용하고, 실질적인 내용은 다수 지배가 아닌 소수의 권리 보호로 바꾸는 거지. '다수 지배'의 자리에 '소수의 자유'가 차지하게 된 거야.

자유민주주의에서 '자유주의'는 수식어가 아니라 본질이야. 오히려 '민주주의'가 장식물에 불과하지. 20세기에 각국에 도입된 민주주의 제도는 루소의 민주주의 사상이 제도화된 것이 아니라 로크의 자유주의 사상이 제도화된 거야. 시민의 기본권 보장과 함께 권력 분립과 법치주의와 같이 권력을 제한하는 제도를 갖추는 데 초점을 맞춘 거지. 민주주의는 시민이 대표를 선출할 권한을 가진다는 의미로만 수용한 거야. 시민은 대표를 선출하고, 중요한 결정은 대표가 결정하는 방식이지. 시민의 동의라는 형식과 법적 절차만을 강조하는 이런 민주주의를 '형식적 민주주의' 혹은 '절차적 민주주의'라 부른단다.

그러니까 자유민주주의는 '시민의 지배'라는 민주주의의 실질적 내용을 빼고, '시민의 동의'라는 절차로만 민주주의를 수용하고, 시민권력이 등장할 가능성을 최소화하는 자유주의를 내용으로 한 정치제도라 할 수 있어.

앞에서 말한 한유총 사건 기억나지? 한국은 자유민주주의 국가이고, 유치원 문제는 사적인 문제인 데다 해당 유치원은 사유재산이기 때문에 국가가 이래라저래라할 수 없다고 주장한 일 말이야. 우리나라 보수정당인 자유한국당은 이에 동조했지. 이들 주장에는 다수의 학부모와 아이들의 이야기가 빠져 있어.

여기에서 아빠가 주목하는 표현이 있어. 우리 사회의 보수진영은 '민주주의'라 하지 않고 꼭 '자유민주주의'라 한다는 거야. 대한민국 헌법이 천명한 '민주공화국'이라는 표현은 사용하지 않는단 말이지.

여기서 잠깐  Dig Dig

기본권의 역사

시민혁명이 시작된 17~18세기에 자유주의가 요구한 핵심적 권리들이 여러 나라에서 인정되기 시작해. 종교의 자유, 양심과 사상의 자유, 직업의 자유, 거주 이전의 자유, 재산권과 같은 권리가 그것이야. 이를 자유권적 기본권이라고 불러.

19세기에 들어서면서 투표권, 언론 · 출판 · 집회 · 결사의 자유와 같은 정치적 기본권(참정권)이 인정되기 시작했어. 민주주의는 자유권을 넘어 정치적 권리를 원하잖아?

20세기에는 사회권적 기본권 혹은 사회경제적 기본권이라 부르는 권리가 추가돼. 유엔UN은 1946년 '세계인권선언'을 발표하고, 1966년에 '경제적 · 사회적 · 문화적 권리에 대한 국제 조약'을 체결했어. 아동과 노인, 여성, 장애인과 같은 사회적 약자의 권리를 국가가 보장해야 한다는 점을 명시한 거야. 참고로, 사회경제적 기본권은 노동3권과 부의 평등한 분배까지 포함하는 개념이란다.

법치주의가 민주주의의 본질일까?

시민의 의사에 반하는 법원의 판단이 나온다면 시민은 반드시 이를 따라야 하냐고? 시민의 요구와 국회가 의결한 법의 내용이 다를 때 시민은 저항할 수 있냐고?

에구~, 산아가 복잡한 이야기를 꺼내 버렸네. 이 문제는 법치주의와 민주주의의 관계를 어떻게 볼 것인가와 관련돼.

앞에서 보았듯이 민주주의를 비판하는 사람들은 옳은 결정을 내리려면 그 문제를 잘 아는 사람의 판단에 따라야 한다고 주장해. 마찬가지로 권리에 관한 일은 법관의 판단에 맡겨야 한다고 하지. 이를 위해 법관은 사회의 여론으로부터, 정치권력으로부터 독립되어야 한다고 해.

한편 민주주의를 옹호하는 사람들은 법치주의와 민주주의를 조화시키려면 법을 제정하는 입법부와 법을 집행하는 행정부, 그리고 법을 적용하는 사법부 모두가 민주적으로 통제되어야 한다고 주장한단다. 사법부를 예로 들면, 미국의 배심원 제도처럼 말이야.

배심원 제도가 뭐냐고? 고대 아테네에는 시민 법정이 있다고 했지? 법관이 아닌 시민이 '땅~땅~땅~' 하고 판결을 내리는 제도라고 생각하면 돼. 이와 비슷하게 법률 전문가가 아닌 일반 시민이 재판에 참여하는 제도가 배심원 제도야. 미국의 경우 유권자 중에서 무작위로 배심원을 선출하고, 배심원들이 유·무죄를 판단하면 판사가 이를 바탕으로 최종 결정을 내리는 거야.

유럽에서는 '참심제'라는 제도를 운영하는데, 참심과 법관이 협의하여 다수결로 판결을 내리는 방식이야. 이런 경우 판사가 자기 맘대로 판단하거나 특정한 사람만 봐주는 일이 쉽지는 않겠지.

한국에서도 이와 비슷한 '국민참여재판'이라는 제도가 있는데, 강력범죄 등에 대해 국민이 배심원으로 참여하여 유·무죄에 대해 의견을 제시하는 거야. 차이가 있다면, 법관이 배심원의 결정에 반하는 판결을 내릴 수 없는 미국과 유럽의 제도와 달리, 한국의 국민참여재판은 배심원의 의견을 참고만 하는 거야.

이쯤에서 법과 법치주의의 의미를 들여다볼까?

고대 그리스의 아테네에서는 법치주의를 '이소노르미아isonormia'라고 불렀어. 모든 사람에게 법norm을 평등하게iso- 적용하고, 공표한 법에 의해 사회의 안정을 달성하는 정치를 뜻했지. 이처럼 모든 시민에게 똑같이 적용되는 규범, 즉 법이 갖는 보편성은 근대 서구사회에서 생각하는 법과 법치주의의 핵심 개념이야.

그러면 민주주의는 법과 법치주의를 어떻게 볼까? 논리가 생각보다 간단해. 법치주의는 법에 의해 통치하는 것인데, 다수 시민의 의사가 곧 법의 내용일 때 법치주의와 민주주의는 아무 갈등 없이 서로 조화롭겠지? 즉, 법의 내용은 정치적으로 결정되어야 하고, '정치'가 '법치' 위에 있어야 한다고 생각한단다.

한편 자유주의는 법을 어떻게 볼까? 사회계약론을 제시한 로크 아저씨는 '시민의 권리를 보호하는 법'만 법으로 여겼단다. 그는 입법자가 제정한 법이나 판사들의 판결문이 쌓인 결과인 판례법이 시민의 권리를 보호한다고 믿지 않았거든. '국회의원이 제정하는 법은 파벌의 이익을 위한 규칙에 불과할 뿐이며, 그들은 법적 양심과 일관성에 관심이 없는 자들'이라고 보았기 때문이야.

자유주의는 법이 시민의 권리를 보장하고, 어떤 상황에서 특정한 사람들과 무관하게 똑같이 적용되는 것이라고 여겼어. 즉, '법'이 '정치' 위에 있다고 본 거지.

역사적인 예를 보면, 많은 독재자가 법률의 내용을 자신이 원하는 식으로 정하고, '법률에 근거를 둔 권력 행사는 정당하다.'는 논리를 강조하면서 항상 법률에 따라 통치한다고 주장했단다. 히틀러 또한 법률을 통해 통치했거든. 음~ 그렇다면, 법이 그 자체로 정당하다고 말하는 건 아주 위험한 생각이네?

이제는 현실을 둘러보면서 이야기해 보자. 법 조항의 의미는 끊임없이 해석될 수밖에 없는데, 누가 그 해석을 하는 걸까? 예를 들어 세법이 개정되면 누군가는 세금을 더 내야 하고, 누군가는 세금을 감면받잖아. 법이 부의 재분배와 같은 결과를 만들어 내기도 하는데, 그 법의 정당성은 어떻게 확보되는 걸까? 법의 정당성은 법이 지닌 보편성 때문일까? 아니면 헌법이 정하는 원칙에 부합하기 때문일까? 아니면 시민들이 공유하는 규범 때문일까?

대부분의 현대 국가에서 법은 사회 속에 살아가는 사람들의 행동을 규율하고 이익을 좌우하고 있어. 이런 상황에서 법이 시민의 자유를 보호하는 최후의 보루가 될지, 히틀러와 같은 독재자의 지배 수단이 될지는 법 자체의 성격이 아니라 '누가 권력을 가지고 있는가?'가 결정하는 게 아닐까?

여기서 잠깐  What's up?

헌법 재판 제도와 자유, 민주

어떤 이들은 헌법 재판 제도가 있는 국가가 시민의 권리를 더 잘 보장할 거라고 믿어. 제3의 독립된 기관이 국회에서 통과한 법률이나 국가의 권력 행사가 시민의 권리를 침해하는지 심사할 수 있기 때문이야.

2004년 헌법재판소는 당시 노무현 정부가 추진한 '행정수도 이전'을 위헌이라 결정했어. 일각에서는 위헌 의견을 냈던 7명의 헌법재판관이 서울에 땅을 가지고 있는데, 행정수도가 지금의 세종시로 이전하면 서울의 땅값이 떨어질 것을 우려해서 위헌 의견을 낸 게 아닌가 의심했지. 위헌이라고 판단한 근거가 황당했기 때문이야. 조선 태조가 '한양을 수도로 정한다.'고 한 말이 헌법의 원칙인데, 이에 반하기 때문이라고 했거든. what?

한편, 헌법 재판 제도가 없는 네덜란드나 뉴질랜드는 한국보다 덜 민주적이고 시민의 권리를 보호하는 수준이 낮다고 말할 수 있을까?

법치주의가 확립되면 정말로 시민의 자유와 권리가 보호되는 걸까? 아빠는 '법이나 제도가 시민의 자유를 보호해 주는 게 아니라, 시민의 의지가 시민의 권리와 자유를 보호하는 최후의 보루'라고 생각하는데, 산아 생각은 어때?

왜 민주주의를 지지해야 할까?

방송에서 전문가라고 자칭하는 사람들이 민주주의에 대해 이야기하는 걸 들어본 적 있니?

'한국은 대의제 민주주의를 헌법에 규정하고 있다. 따라서 대표자는 시민의 요구를 그대로 들어주면 안 되고 자신의 소신에 따라 판단해야 한다.'는 식의 주장 말이야. 우리 헌법 제1조 1항에 '대한민국은 민주공화국'이라 천명하고 있지만, 이를 개무시하는 것 같은데….

가상의 대화를 통해 지금까지의 이야기를 정리해 보자.

재 인 우리 모두와 관련된 사안은 우리 모두가 결정해야 해.

경 원 그렇지 않아. 어떤 결정이 합리적이려면 그 문제를 가장 잘 아는 사람이 결정하는 게 좋아. 역사적으로 대중은 무능한 모습을 보여주었어. 언변이 좋은 사람의 선동에 놀아난 적도 많았지. 결국 조직화된 소수가 다수 대중을 지배해 온 것이 현실이야. 그러니까 차라리 뛰어난 자가 통치하는 게 훨씬 좋아.

재 인 어떤 개인이 다른 사람보다 더 현명하고 합리적이라고 말할 근거는 없어. 만약에 특정한 시점에 어떤 문제를 다른 이들보다 더 많이 안다고 해도 앞으로도 계속 그럴 거라는 보장도 없고.

나아가 지식은 한 사람만의 전유물이 아니잖아? 그 지식을 다른 사람들도 배울 능력이 있고, 지식이 있다고 해서 어떤 문제를 판단할 능력도 충분하다고 할 수는 없지. 게다가 그 지식이 항상 옳다는 근거도 없고 말이야.

영국에서 1980년대 말~1990년대 초반 광우병 문제가 불거졌어. 양에게 전염되는 병이 소에게 전염되면서 광우병이 발생했지. 전문가들은 생물들 간에 '종'의 장벽을 넘어 전염병이 전파되는 일은 불가능하니까 광우병에 걸린 소를 팔지 못하도록 규제할 필요가 없다고 했어.

그래서 영국 정부는 아무런 조치도 취하지 않았지. 그러면서도 영국 시민들이 불안에 떨까 봐 장관들이 TV에서 소고기 먹는 장면을 연출하면서 안전하다고 알렸지. 그러나 몇 년 후 영국 소의 3분의 2 이상이 광우병에 감염되고, 영국인 198명과 유럽 시민 200명이 광우병으로 사망하는 비극으로 이어졌거든. 과연 전문가의 판단이 늘 합리적이라고 말할 수 있을까?

통치할 능력이 있는 자가 따로 있다는 말은 노예로 타고난 자가 따로 있다는 말이나 다름없어. 결국은 신분제 질서를 옹호하는 건데, 인도의 카스트 제도를 인정하고 심지어 잉카 문명에서 인간을 제물로 바치는 관행까지 모두 정당하다는 말과 다를 바 없어.

어떤 문제에 대해 전문가의 자문을 구하는 일을 반대하지는 않아. 우리와 관련된 문제를 어떻게 풀어 나갈지에 대한 판단은 우리 스스로 결정해야 한다는 거야. 그 결정이 내려진 다음에 어떤 방법이 좋은지 전문가의 자문을 구하는 일이야 상관없지.

다시 말하면, 어떤 결정을 내리는 데 민주적 방식이 가장 좋다고 확신할 수는 없지만, 민주적인 방식 말고 다른 어떤 방식도 바람직하다고 말할 수는 없어.

경 원 하지만 대중은 자신들의 이익만 앞세울 거야. 무엇이 우리에게 가장 좋은지를 판단하지 않아. 모두에게 좋더라도 자신에게 손해가 될 거라고 여기면 무조건 반대할 거야. 결국은 아무것도 할 수 없지.

재 인 인간이 자신의 사익만을 추구한다고 하자. 그런데 왜 이 가정을 대중에게만 적용하지? 귀족이나 양반, 사회 지도층은 공익을 추구하고, 다수 대중은 눈앞의 사익만을 추구한다는 주장에 난 동의할 수 없어. 인간은 누군가의 통치를 받아야 한다는 주장은 권력을 가진 자들의 자기변명일 뿐이야.

가상의 대화에서 '재인'은 민주주의를, '경원'은 비민주주의를 주장한다는 건 알겠지? 어느 의견이 타당한지는 결국 자신의 가치관에 따라 결정될 거야. 하지만 판단할 능력이 있는 사람과 그렇지 못한 사람이 있다는 주장은 지금 우리 사회에서 인정할 수 없는 신분제를 옹호하는 게 확실하기 때문에 아빠는 찬성할 수 없구나. 산아 생각은 어떠니?

그렇지만 반민주주의자조차 형식적으로는 민주주의를 인정하는 것 같아. 대신 '대의제' 민주주의라는 이름을 내걸고 이야기하지. 시민이 직접 판단해서는 안 되고 대표자가 소신껏 판단하고 결정해야 한다는 식으로 말이야.

대의제 형식을 고집하는 사람들은 이미 이야기했듯이 다수 대중은 사익을 앞세워 쉽게 타락하고, 합리적인 판단을 할 수 없는 자들이라는 가정을 버리지 않아. 앞에서 이야기한 '집단행동의 딜레마'라는 논리를 사용해서 정반대의 이야기를 해볼까?

예를 들어, '5억 원을 어떻게 쓸까?'를 1명이 결정하는 정치와 300명이 결정하는 정치, 그리고 5천만 명이 결정하는 정치를 상상해 보자. 어떤 경우에 타락할 가능성이 클까? 한 사람이 얻는 이익의 최대한의 크기는 결정에 참여하는 사람의 수에 반비례하지. 1명이라면 5억 원, 300명이라면 167만 원, 5천만 명이라면 10원이야. 한 사람이 결정하는 독재정치에서 부패와 타락이 잘 나타날 것 같지 않아?

또 다른 예를 들어볼게. 순이익의 규모가 5억인 사업이 있는데, 3개 업체가 경쟁하고 있어. 이 사업을 따내려는 업자라면 결정자에게 얼마까지 뇌물을 줄 수 있을까? 최대 5억까지 고려하겠지. 그러면 받을 수 있는 뇌물의 크기는? 1인이 결정하는 체제에서는 5억, 300명이라면 167만 원, 5천만 명이라면 10원이 되겠지. 10원 받자고 그 업자에게 특혜를 줄 필요를 느낄까?

'절대 권력은 절대 부패한다.'는 유명한 주장이 있는데, 우리나라를 보더라도 대통령 1인의 권력이 크고 견제가 안 될 때 부패가 극심했거든.

반민주주의나 대의제를 주장하는 사람들은 프랑스 혁명기 자코뱅당의 독재를 빗대어 민주주의를 '다수의 폭정'이라고 비판하지만, 독재정치는 어떠했을까? 히틀러가 통치할 때는 600만 명의 유대인뿐 아니라 히틀러의 통치를 반대한 독일인, 폴란드인, 집시, 동성애자 등도 학살당했어. 폴 포트Pol Pot가 지배할 때 캄보디아에서는 인구의 4분의 1이 학살당했고 말이야. 그뿐이 아니야. 소련의 스탈린 체제 때는 강제수용소에서 2천만 명이 죽고, 강제수용소에서 살아남은 2천만 명도 비참한 삶을 벗어나지 못했어. 당시 독일과 캄보디아, 소련에서는 최고 권력자에 대해 어떠한 견제 장치도 없었거든.

1인이 통치하는 독재 체제에서는 독재자 1인을 제외하면 모두 노예에 불과하고, 귀족정이나 과두정과 같은 소수 지배 체제에서는 소수의 지배자만 자유로울 뿐 다수는 노예에 불과해. 아빠는 이 부분에 주목하고 싶어.

민주주의는 가장 좋은 정치체제가 아닐 수도 있어. 합리적이고 올바른 결정을 보장하는 정치제도도 아니야. 민주주의는 올바른 결정이 무엇인지 아무도 모른다고 전제하고, 모든 시민이 무엇이 옳은지를 스스로 판단하는 거야. 민주주의가 담고 있는 중요한 가치는 여기에 있다고 아빠는 생각해.

민주주의는 평범한 사람을 위한 제도야. 우리 사회의 엘리트가 평범한 시민들더러 정치적 판단을 할 자격이 '있다, 없다'고 단정하든 말든, 민주주의는 평범한 사람들의 요구에 민감하게 반응하도록 만들어진 정치제도라는 점은 분명해.

여기서 잠깐  What's up?

전문가와 집단지성

재미있는 현상을 함께 살펴볼까? 위키백과wikipedia라고 알지? 요즘 저명한 학자들도 학술 논문을 쓸 때, 우리 같은 일반 사람들이 만든 위키백과를 자주 인용한단다. 왜일까?

이런 일도 있었어. 1989년 21만 5천 톤의 대형 유조선 발데스 호가 알래스카를 지나던 중 암초에 부딪혀 좌초하면서 알래스카 주변 해안이 초토화되어 버렸어. 이 사고로 유조선에서는 새어 나온 기름이 무려 1천 600킬로미터에 달하는 해안을 오염시키고, 바닷새 25만 마리와 해달 2천 800마리와 연어 수백만 마리가 떼죽음을 당했어. 사상 최대의 해양오염 사고였지.

이후 20여 년 동안 과학자와 전문가가 매달려 기름을 제거하려고 씨름했지만 성과가 없었어. 결국 세계기름유출연구소OSRI는 2만 달러의 상금을 걸고 아이디어를 공모했지. 그 결과 '존 데이비스'라는 시멘트 회사의 평직원이 낸 아이디어가 채택되었는데, 이 방식을 사용한 지 몇 달 만에 문제가 해결되었단다.

한 사람의 생각은 아무것도 아닐 수 있지만, 수천수만 명의 생각이 모이면 전문가보다 뛰어난 결론이 도출될 수 있어. 이런 현상을 '집단지성'이라 부르지. 참, 우리나라의 한 보수 정치인은 집단지성을 '천민 지성'이라 부르면서 포퓰리즘에 불과하다고 비판한 적도 있단다.

네 생각은 어떠니?

민주주의의 현실은?

산아야, 우리 사회에서 가진 자의 갑질 문제나 재벌의 횡포를 종종 접하다 보면, '과연 한국은 자유 사회이고 민주 국가일까? 사실은 소수가 경제력을 장악하고, 정치권력을 쥐고 흔드는 것은 아닐까?' 하는 의문이 들곤 해.

이런 현실은 우리나라만의 문제는 아니야. 미국에서도 이 같은 문제를 둘러싸고 1950~1960년대에 정치학자 및 사회학자들 사이에 논쟁이 벌어진 적이 있단다. 한쪽은 권력이 분산되어 있고, 시민들이 직접 대표를 뽑는 선거 제도 때문에 정치 엘리트는 시민들의 요구에 따라 정책을 결정할 수밖에 없다고 주장했단다. 다른 한쪽은 미국인의 3퍼센트에 불과한 집단이 경제력과 정치권력을 장악하고, 이들은 '담배 연기 자욱한 골방'에서 조용한 합의를 통해 중요한 결정을 내리고 있다고 주장했지. 논쟁이 한창이던 1960년대 중반, 미국과 유럽에서는 각종 비리 의혹이 터지고 수많은 시민이 거리에 나와 시위를 벌이곤 했어.

그래서였을까? 지루하게 이어진 20년간의 논쟁은 정치권력이 시민의 손에서 너무 멀리 떨어져 있으며, 사실상 시민의 자유도 위축되고 있다는 결론으로 막을 내렸단다. 선거를 통해 정권이 창출되고 새로 정권이 바뀌긴 하지만, '딱 거기까지만'이라는 거야. 시민들은 일부 정치인과 언론이 제기하는 문제에만 간헐적으로 반응하는 소극적인 집단으로 전락하고, 제도 정치권은 시민의 요구에 귀를 막는 듯하고, 때

로는 언론인이나 법조인의 의견대로 국정이 운영되는 모습을 보인다는 거지.

또 일부 학자들은 국가의 가장 중요한 기능이 시민의 자유와 권리를 보호하는 데 있음에도 불구하고, 현실에서는 소수의 권력을 보호하면서 영향력 있는 집단에 이익을 제공하고, 그 비용을 다수 시민에게 전가하고 있다고 비판했단다. 음~, 우리 사회와 크게 다르지 않네.

이러한 문제의 원인에 대해서는 학자마다 달리 진단했지만, 많은 학자는 '민주주의의 위기'라는 인식을 같이했단다. 그러면서 민주주의에 대한 다양한 전망과 대안이 쏟아져 나오기 시작했어. 다양한 형태의 새로운 민주주의 모델, 즉 '참여 민주주의' 모델이 이때부터 제시되었지.

대의제 민주주의와 자유민주주의라는 개념에서 민주주의 위기의 원인을 찾아볼까? 아빠는 개념에서 출발해서 분석하기를 좋아하잖아~.

대의제 민주주의는 다수 시민의 판단을 소수의 성숙한 판단으로 대체하는 제도라고 할 수 있어. 앞에서 살펴보았지만, 대의제 민주주의는 바로 자유주의가 원한 방식이야. 시민의 동의라는 형식을 갖고 있지만, 사실 자유주의를 내용으로 하니까.

시민이 정치에 참여하는 채널은 선거 외에는 차단되어 있어. 이를 통해 우매한 다수 대중의 횡포를 막고 소수의 자유를 보호할 수 있다고 보았지. 그 결과는 성공적이었어. 일반 시민을 정치의 장에서 배제하는 데 아주 효과가 있었거든. 예를 들어 교육정책에 대해 산아와 같은 학생과 엄마 아빠 같은 학부모의 의견을 국회나 교육부에 전달할 방법이 거의 없잖아.

그 결과 소수 집단과 관료들이 제도 정치를 장악하고, 다수의 자유와 권리가 침해되는 상황이 되어 버렸어. 자유주의는 인간의 자유를 보호하려고 했지만, 소수의 권익은 보호되고 다수의 자유가 침해되는 역설적인 결과를 초래한 거지.

그렇다면 소수의 권력 남용을 어떻게 차단할 수 있을까? 자유주의가 생각하는 법이나 법원 혹은 헌법재판소가 이 역할을 해 줄까? 역사적으로 보면 그건 아니야.

히틀러의 독재를 막아야 할 독일의 연방헌법재판소가 히틀러의 계엄령에 대해 합헌 결정을 내려 주었거든. 또, 1910~1930년대 초까지 미국 연방대법원은 아동노동금지법이 위헌이라고 세 번이나 판결을 내렸어. 우리 사회에서도 그런 일이 종종 벌어지고 말이야. 법원이 소수의 권력 남용을 차단해 주는 확실한 보호자는 아닌 것 같아.

4·19 혁명이나 6월 항쟁 같은 사건을 떠올려 볼까? 역사를 되돌아 보면 소수의 권력은 촛불시위 같은 다수의 의지와 정치참여로 막을 수 있었어. 자유주의는 다수의 횡포를 우려했지만, 역사를 보면 시민의 자유는 다수의 횡포가 아니라 소수의 권력에 의해 침해받아 왔어. 자유주의가 원하는 시민의 자유는 오히려 민주주의를 통해 더욱 잘 보장될 수 있다는 거야.

여기서 잠깐  What's up?

인권 문제

우리 사회의 보수진영은 2000년경부터 북한의 인권 문제를 사회적 쟁점으로 제기하고, 북한에 삐라를 살포해 왔어. 그 근거로 인권은 자유민주주의가 포기할 수 없는 가치이자 인류 보편적 가치라고 주장했지. 그러면서 민주주의를 주장하는 진보진영을 향해 북한의 인권 문제를 어떻게 보는지 답하라고 했어.

그런데 보수진영은 성적 소수자의 권리, 양심적 병역 거부 등의 문제에 대해서는 어떻게 이야기할까? '인권 보장'이 아닌 사회질서 유지나 국방의 의무 같은 측면에서 이야기할 뿐이야. 또한 가진 자에 의한 인권 침해에 대해서도 입을 다물고 있어.

산아야, 네 생각은 어떠니?

시민참여와 민주주의의 새로운 실험들

산아야, 대의제 민주주의가 한계를 안고 있다고 생각한 사람들은 참여 민주주의를 그 대안으로 제시한단다. 참여 민주주의는 민주주의의 본질이 '시민참여'와 '자기결정 원리'에 있다는 데서 출발하지. 대의제 민주주의가 시민참여를 막았기 때문에 한계를 보였다고 생각한 거야.

참여 민주주의를 실현하는 방법으로는 공론조사나 심의민주주의, 시민 배심원제 등 다양한 제도가 있어. 여기서 이론적인 이야기를 하려는 건 아니야. 몇 가지 사례를 통해 과연 민주주의의 미래가 밝은지 함께 고민해 보고 싶어.

첫 번째는 강릉의 한 마을에서 발생한 갈등 사례야. 2012년 12월 대통령 선거가 끝나고 방송사마다 특집 다큐멘터리를 방송했단다. 우리 사회의 갈등을 어떻게 해결하는 게 좋은지를 다룬 시리즈도 있었어.

그중에서 강릉 인근의 어촌마을 사례가 인상에 남아. 문어를 잡아 생계를 이어가는 마을인데, 전통적인 방식으로 문어를 잡는 주민과 최신 기술을 사용해서 문어를 잡는 주민 간에 갈등이 심해진 거야. 문어 어획량이 급감했는데, 최신 기술을 사용하는 사람들 때문에 문어 씨가 말라 버렸기 때문이지.

이 문제를 해결하려고 강릉시청 담당 공무원이 나섰어. 보통은 정부가 나서서 중재안을 낸다거나 할 텐데, 이 공무원은 양측을 대표하는 사람들을 마을회관에 모시고 대화를 나누도록 했어. 그 이상 개입하지 않았지. 방송에서는 심한 욕을 해대는 모습도 비추어졌어.

어떻게 되었냐고? 40여 분 동안 싸우다가 1시간 이상 침묵이 흘렀대. 그러더니 마을 주민들이 스스로 문어를 얼마만큼 잡을지 할당량을 정하고 화해했어. 2년 이상 이어진 갈등이 대화를 통해 하루 만에 해결된 거야.

두 번째도 갈등 해결 사례인데, 조금 복잡해. 지방자치단체 간의 갈등과 자치단체 내에서의 갈등이 동시에 발생한 사례야.

1999년 경기도 광명시와 서울시 구로구 사이에 혐오시설을 둘러싼 협상이 벌어졌어. 1990년대 지방자치 제도가 시행되면서 소위 '님비NIMBY* 현상'이 심해졌지. 당시 서울 난지도 쓰레기 매립장이 포화상태가 되자 정부는 새로 쓰레기소각장을 짓기로 했는데, 모든 지방자치단체가 거부한 거야. 그래서 정부는 기초자치단체마다 쓰레기소각장과 같은 환경기초시설을 설치하는 쪽으로 방향을 정했어. 그러자 구로구에서 광명시와 맞닿은 지역에 쓰레기소각장을 짓기로 했지. 그러면서 광명시의 생활하수 처리를 중단하겠다고 했어.

쓰레기소각장 인근에 사는 광명시 주민들은 당연히 반발했겠지? 당시 광명시장은 고민 끝에 광명시에서 구로구의 쓰레기를 처리해 주는 대신 광명시의 생활하수를 구로구에서

***님비NIMBY란?**

님비(NIMBY)는 '내 뒤뜰은 안 돼(Not In My Back Yard)'의 준말이란다. 쓰레기소각장이나 공중화장장처럼 혐오시설에 대해 원칙적으로 찬성하면서도 자기 주변에 설치되는 것을 반대하는 행동을 말해. 이와는 반대로 스포츠센터나 지하철역과 같은 편의시설을 자기 주변에 설치해 달라고 적극적으로 행동하는 것을 '핌피(PIMFY)'라고 하지. 핌피는 '내 안마당으로(Please In My Front Yard)'의 준말이야. 둘 다 지역이기주의와 관련된 표현이야.

처리해 주면 어떻겠냐고 제안했단다. 구로구는 긍정적으로 호응했지만, 이번에는 광명시의 주민들이 쓰레기 소각량이 느는 만큼 소각장에서 발생하는 다이옥신이 더 많이 배출된다고 반발했겠지?

광명시장은 어떻게 대응했을까? 광명시는 공권력을 발동해 주민들을 진압하지 않았어. 대신 해당 지역 주민과 담당 공무원이 함께하는 협상 테이블을 열었어. 협상 테이블에서는 지역 주민과 시민단체, 지역 언론 등이 다양한 방안을 제시했고, 얼마 지나지 않아 합의안이 도출되었지.

하수처리장을 짓지 않아도 되는 만큼 그 비용으로 쓰레기소각장 때문에 피해가 발생하는 지역의 발전을 위한 기금을 조성하기로 한 거야. 개별 보상은 따로 하지 않기로 했지.

결과적으로 광명시는 하수처리장 건설 비용을, 구로구는 쓰레기소각장 건설 비용을 절감할 수 있었어. 지역 갈등도 해소되었고 말이야. 정부가 일방적으로 정책을 밀어붙이지 않고, 주민들의 참여를 받아들이고 타협을 이끌어 내서 나온 결과였지.

그런데 당시 중앙일간지인 〈C일보〉는 사설에서 주민들의 생떼를 받아들인 안 좋은 선례를 남겼다고 비판했어. 이런 식의 결정은 포퓰리즘일 뿐이라는 말과 함께 말이야.

세 번째는 참여 민주주의 사례인데, '주민참여 예산 제도' 이야기야. 이 제도는 인구 100만 명 규모의 브라질 포르투알레그리 시에서 처음 시도했는데, 한국에서는 광주광역시 북구청이 2003년에 전국 최초로

도입했어. '시민위원회'와 '지역회의'라는 기구를 통해 사업 예산에 대한 의견을 제시하는 통로를 마련하고, 온라인에는 '예산참여방'이라는 채널을 마련한 거야. 지역개발 사업에 대해 지방의회 의원들은 나눠먹기 식으로 예산을 배정하고, 지역 유지나 강력한 이익집단의 요구가 예산에 반영되는 현실에서 예산 과정에 주민이 참여하는 길이 열린 거야.

광주광역시 북구의 '주민참여 예산 제도' 운영은 어떻게 되었을까? 혹시 참여율이 낮다거나 참여한 주민들이 사익만을 추구하지는 않았을까? 전문가들의 이런 우려와 달리 높은 참여율과 성숙한 모습을 보였다고 해.

특히 주민의 의견이 실제 반영될 가능성이 높다는 인식이 형성되고 토론이 활발하게 이루어지면서 좋은 결과를 낳았어. 이 제도가 긍정적으로 평가되면서 지금은 '지방재정법'에 따라 모든 지방자치단체가 이 제도를 시행하고 있지.

위의 사례들은 모두 갈등을 말로, 정치적으로 풀어 나간 경우야. 관련 당사자들의 참여를 보장한다는 점에서 민주적 방식으로 문제를 해결한 거지. 제주도 강정마을 해군기지 건설 때 공권력을 발동한 방식과 비교해 보면 위의 민주적인 방식이 오히려 문제를 빨리 해결했음을 알 수 있어. 왜 그럴까?

우리가 제1장에서 살펴보았듯이, 현대 사회에서는 어떤 문제든 수혜자와 비용을 부담하는 자, 정책이 지향하는 가치에 대해 지지하는 이와 반대하는 이로 갈릴 수밖에 없어. 따라서 어떤 정책이든 갈등을 수반할 수밖에 없고, 그 해결은 '결정 과정의 정당성' 여부에 달려 있어.

자유롭고 평등한 시민으로 구성된 사회에서 정당성은 '시민적 합의'에서만 찾을 수 있지 않을까? 선출된 대표나 법원의 판사가 공정하고 정당한 결정을 내릴 거라는 믿음이 깨진 상황에서는 더더욱.

정치는 사회에 존재하는 갈등을 공적 결정을 통해 조정하고 통합하는 과정이라 했지? 다원 사회에서 그 결정을 수용하는 경우는 '시민적 합의'라는 '민주적 정당성'이 보장될 때가 아닐까?

그런데 우리 사회를 보면 정치가 갈등을 적절한 방법으로 해결하지 못하고, 오히려 갈등을 증폭시켜 왔어. 왜 그랬을까? 박근혜 정부 시절 '일본군 위안부에 대한 한일 간의 합의'가 지금까지 문제되는 이유를 생각해 봐. 그것은 시민적 합의, 즉 민주적 정당성이 결여되었기 때문이잖아.

이런 의미에서 아빠는 참여와 소통, 그리고 시민적 합의를 중시하는 참여 민주주의가 한국 사회가 직면한 문제와 갈등을 해결하고, 시민의 자유를 더욱 증진하는 징검다리가 될 거라고 생각해.

참, 이야기를 마치기 전에 한마디만 할게. '소통' '협력' '합의' 그리고 '협치'라는 말이 있어. 이들 단어에 담긴 의미를 한 번쯤 생각해 봤으면 해.

소통과 대화는 상대방의 이야기를 듣는 데서 시작하지? 사람들은 이야기를 나누다가 이렇게 말하곤 해.

"잠깐, 거기까지. 그건 네 입장이고, 나는 너와 더 할 이야기가 없어!"

이건 더 이상 소통이나 대화할 생각이 없다는 거야. 혹은 "뭐래~~"라고도 하는데, 이건 상대방이 애초에 내 이야기를 들을 생각이 없거나 내가 상대방의 이야기를 들을 생각이 없는 상황에서 하는 말이야.

마찬가지로 대화와 합의를 하자면서, "내 입장을 수용하지 않으면 더 이상의 대화는 없다."고 말하는 건 사실 대화할 생각이 없다는 뜻이야. 이런 말은 자기 입장을 정해 놓고 상대방이 수용하도록 강요하는 거나 마찬가지지.

대화와 소통은 자신의 의견이 잘못될 수 있음을 인정하는 데서 출발해. 그게 민주주의의 전제이고 말이야.

이런 자세는 어떨까?

"너에게도 좋고, 나에게도 좋은 것을 함께 찾아보자."

"내 이익의 일부를 포기할 수 있어. 너도 포기할 수 있니?"

에구, 질문으로 시작해서 질문으로 끝을 맺네.

자유를 원해 난 free
자유를 원해 우린 무리
자유를 말해 그들은 be~리
누구의 free? 누구를 위한 free?

말장난
자유주의, 민주주의, 무슨 무슨 민주주의
설마 독재도 민주주의?
그럴싸한 변명거리 필요하니?
자유, 돈과 권력 모두를 가진 너를 위한 자유
너의 자유고 권리이니 침해하지 말라고?
그 자유가 우리 모두의 자유를 침해하는 건 모르니?
우리가 원하는 자유는 평등 세상에서 살아갈 자유임을 모르니?

너흰 그냥 나가 살지 그러니?
너희도 좋고 우리도 좋으니 상부상조 아니니?
이미 다 알고 있으니 더 이상 속지 않으니
이제 그만하고 말해 네 안에 있는 더러운 본심

이 책을 쓴 계기는 2016년 촛불시위를 전후로 산아가 제게 던진 질문들 때문이라고 이야기했지요?

이 책을 쓰는 과정에서도 산아의 도움을 많이 받았어요. 산아는 초고를 읽어 보고, 어려운 대목이나 이해가 안 되는 부분에 대해 지적도 해 주고, 나름대로 소감도 말해 주었지요. 산아의 소감은 각 장의 시작과 마무리 부분에 힙합 스타일 글로 실렸어요. 그러니 이 책은 산아와 함께 만든 거나 다름없지요.

이 글이 완성될 무렵 산아와 이런저런 이야기를 나누었어요. 산아의 말이 곧 청소년 독자의 마음이 아닐까 싶어서 이 대화로 글을 마무리할까 합니다.

지금까지 많은 이야기를, 그것도 쉽지 않은 정치 이야기를 나누었어. 혹시 궁금한 거나 하고 싶은 이야기가 있어?

이상하게 자유주의가 맘에 안 들어.

왜? 넌 자유를 좋아하잖아?

아무리 그래도 지켜야 할 선이 있는 거 아닌가? 아무래도 사회 시간에 사회 문제를 주제로 이야기를 많이 하게 되는데, 한번은 성 소수자 문제에 대해 생각해 봤거든. 그런데 우리 사회에서 스스로 자유주의자라고 말하는 사람들이 성 소수자를 비난한단 말이야. 그들의 자유를 인정할 수 없다고 하면서.

그건 진정한 자유주의가 아니지.

어떤 친구는 차별할 자유도 자유라면서 억지를 쓰는 거야. 학교에서 우리끼리 하는 토론이라 그런 건가? 하지만 인사청문회에서 봤는데, 자유민주주의 사회에서는 동성애를 인정할 수 없다면서, 후보자에게 어떻게 생각하냐고 묻는 걸 보면 그래.

그래서 자유를 이야기할 때 산아가 그런 말을 했구나, "별 게 다 자유래."라고. 그래도 모든 인간은 자유롭게 태어났고, 그래서 타인에게 이래라저래라해서는 안 된다고 주장하는 자유주의는 중요하지 아닐까?

그 자유가 '누구를 위한 자유'이고, '누구의 자유'일까 생각해 봤어. 사회 시간에 배웠던 노동권도 개인의 권리일 텐데, 그런 건 아랑곳없이 '열정 페이'라면서 마음대로 부리는 걸 말하는 걸까? 경제적 자유주의였던가, 신자유주의였던가? 아, 별 차이 없는 거지! 어쨌든 우리 사회에서 자유주의는 재산권만 자유에 속하는 것처럼 이야기하는 것 같아. 말만 번지르르해.

자유민주주의라는 것도 그래. 민주주의이면 민주주의지, 왜 무슨 무슨 수식어를 붙이냐고. 헌법에는 '대한민국은 민주공화국'이라고 제1조 1항에 가장 먼저 천명하고 있잖아. 시민들이 무슨 말을 하면 '포퓰리즘'이라고 하고. 또 무슨 말을 하면 대한민국은 법치주의 국가이기 때문에 법이 우선한다고 하고. 다시 무슨 말을 하면 대의제 원리에 어긋난다고 하고. 대체 민주주의가 뭔데? 시민의 의사를 존중하는 데서 시작하는 게 민주주의 아닌가? 이런저런 생각이 막 드는데, 정리는 안 되네.

음….

그런데 결국 그 사람들도 시민들이 찍어 준 사람들이지. 무슨 짓을 해도 또 찍기도 하고. 그래서 할 말이 없긴 해. 그래서 현실이 안 바뀔 것 같기도 하고. 영화 〈1987〉을 보면, 시민들이 깨어 있던 것 같은데.

너무 비관적인 것 같다. 미국은 '독립선언서'에 인간의 권리를 천부적이라고 이야기했지만, 노예 제도가 폐지된 건 한참 후고,

실제로 흑인들이 투표권을 갖게 된 시기도 1960년대였잖아. 영국도 민주주의가 정착하는 데 200~300년씩 걸렸어.
우리 현대사를 보면, 민주화 과정에서 광장민주주의라 부르는 시민들의 힘이 중요한 전환점을 만들었잖아?

하긴 그런 걸 보면 우리 민족이 대단한 것 같아. 그런데 지난 촛불시위 때, 광장은 대중의 광기가 넘치는 곳이기 때문에 광장민주주의는 없다는 식의 칼럼을 읽은 기억도 있어. 광장을 보면 히틀러나 인민재판이 연상된다면서. 이 이야기는 민주주의를 반대하는 입장인가? 분명 민주주의를 주장한다고 했는데. 아, 자유민주주의를 이야기한 글이었어.
아빠 말대로 자유주의는 인간은 자유롭고 평등한 존재라고 이야기하면서 대중은 성숙한 판단을 할 수 없다고 주장하는 자기모순에 빠진 것 같아. 그래서 내가 자유주의가 싫다는 생각이 들었나 봐.

음….

근데 우리 사회에서 민주주의가 자리 잡을 수 있을까? 학교에서 토론하면, '깨어 있는 시민' '시민의식' 같은 걸 이야기하는데, 너무 추상적인 것 같아.

산아는 '인간은 자유롭고 평등한 존재'라는 주장을 어떻게 생각해?

난 신분제 사회는 좋은 사회라고 생각하지 않아. 인간은 등급을 매길 수 없지.

그렇다면 모든 인간은 성숙한 판단을 할 수 있는 존재라고 보는 거지. 누구나 실수할 수 있지만, 산아도 경험을 쌓으면 실수를 줄일 수 있고.

그렇겠지?

누구나 마찬가지라고 여긴다면, 긍정적으로 생각할 수 있지 않을까? 인간에 대한 신뢰가 있다면 말이야. 역사를 보면 우여곡절도 많았지만, 최소한 인간의 자유는 점차 확대되어 왔고, 민주주의도 긍정적인 방향으로 변해 왔잖아.

그럴까? 그래야겠지? 아니, 그렇겠지!

부록

정치외교학과에 진학하면 무엇을 배울까?

정치외교학과는 1960년대 형성된 현대 주류 정치학의 전통에 따라 '정치사상, 비교정치, 한국정치, 국제정치'로 나누어 커리큘럼을 운영하고 있습니다. 이 중에서 정치사상이나 한국정치, 국제정치는 대충 감이 잡히지요?

비교정치는 각국의 정치를 비교하는 학문 혹은 연구방법이랍니다. 이익집단, 정당, 선거, 통치 형태(대통령제와 의원내각제 등), 정치문화를 중심 주제로 하여 정치를 비교하는 전통이 있거든요. 그리고 20세기 후반에는 정치경제학이라는 이름으로, 경제학의 연구방법을 정치학 영역에 적용하는 학문이 등장했답니다.

'한국정치학회'는 이 네 가지를 좀 더 세분화해서 7권으로 구성된 『정치학 이해의 길잡이』를 발간했습니다. 정치사상, 정치이론과 방법론, 비교정치1(정치과정), 비교정치2(정치경제), 국제정치1(국제정치와 안보), 국제정치2(국제 정치경제와 새로운 영역), 한국정치가 그것이랍니다.

비전공자에게 이런 분류방식은 이해하기 어려울 거예요. 그래서 제가 생각하는 정치학의 구성을 말씀드릴게요.

첫째, 정치사상과 민주주의는 하나의 영역으로 볼 수 있어요. 한국정치는 어느 방향으로 나아가야 하는지, 그리고 민주주의를 지향한다면 어떤 모습이어야 하는지를 따져 보는 거지요.

둘째, 현실의 정치과정과 정치제도를 연구하는 분야가 있어요. 어떤 제도가 정치적 안정이나 시민의 자유를 포함한 정치 발전에 유리한지를 따지는 거지요. 예를 들어 '한국의 국회의원 선거 제도를 비례대표제로 바꾸자.'는 주장이나 '대통령제를 유지할 것인지, 분권형 대통령제라 불리는 이원집정부제 혹은 의원내각제로 개헌할 것인지' 살펴보는 일은 이 분야에 속합니다. 물론 이들 제도를 평가하기 위해서는 사상적 기반이 필요하고, 분석을 위한 연구방법도 중요합니다.

셋째, 위에서 분류한 틀에는 없지만 국가와 시장, 시민사회에 대한 이론들이 있답니다. 제2차 세계대전 이전에는 국가와 법률이 정치학 연구의 핵심 주제였는데, 1960년대 이후에는 비교정치에 묻혀 버렸답니다. 그런데 정치경제학이 대두되면서 국가와 시장의 관계 등이 연구 대상으로 등장했지요. 저는 이 영역을 주류 정치학과는 다른 시각에서 분석하는 별개의 이론이라고 생각합니다.

넷째, 지금까지 살펴본 이론들을 가지고 한국정치에 적용하는 분야가 '한국정치'입니다. 따라서 한국정치를 따로 나누어 배운다기보다는 위 주제들의 연장선에서 다룬다고 생각하면 됩니다.

마지막으로, 국제정치입니다. 한국의 지정학적 조건을 보면 국제정치 지형에 큰 영향을 받을 수밖에 없는데요, 국가들의 관계에 대한 이론을 배우는 영역입니다. 저야 학문적인 관심보다는 '대한민국의 안보를 위해서는 어떤 대외정책이 필요한가?'라는 문제의식에서 유용한 분석틀과 외교 정책에 관심이 있지만, 많은 대학에서는 이론 자체에 매몰되어 있다는 생각도 듭니다. 그래서일까요? 대학 시절에 제일 싫어한 영역이 국제정치였답니다.

그런데 대학마다 학풍과 강점을 지닌 영역이 다르답니다. 정치사상이나 유교 문화에 대한 연구논문을 많이 발표하는 학교가 있고, 민주주의와 한국정치 방면으로 강의를 잘하는 교수가 있는 학교도 있고, 국제정치로 유명한 학교도 있지요.

정외과를 선택했을 때, 아버지는 제가 당시 외교관을 뽑는 국가고시인 외무고시를 보길 원했지요. 참, 외무고시는 지금 외교아카데미로 바뀌었어요. 사실 당시에는 정외과 하면, 외무고시나 행정고시를 떠올리는 분위기였으니까요.

그런데 제가 정외과를 선택했던 까닭은 '정치가 대체 뭔데?'라는 의문 때문이었습니다. 초등학교 때 일어난 광주민주화운동을 목격하면서 '정치가 뭔데, 권력이 뭔데, 국민의 군대가 국민에게 총을 겨누고 발포하도록 했을까?' 몹시 궁금했고 그 해답을 찾고 싶었지요.

불행히도(?) 당시 대학에서는 이런 질문에 대한 해답을 주거나 민주주의의 가치에 대해 파고들지 않았어요. 그래서 학교 구내서점에서 정치와 관련된 원서를 사서 혼자 공부하기도 했답니다.

그렇지만 정외과를 선택한 일에 후회는 하지 않는답니다. 그것은 아마도 〈정치학 개론〉 첫 수업 시간에 교수님이 한 말 때문일 거예요. 이 교수님 강의는 아직도 명강의로 회자된답니다.

"정치학이란 권력에 대한 비판학문이다."

이 한 마디는 제가 정외과를 선택할 때 던진 질문에 대한 대답이었거든요. 여러분 중에 정치외교학과에 관심이 있다면 왜 그런가요?

참고 문헌

공자, 김형찬 옮김, 『논어』, 홍익출판사
플라톤, 이환 편역, 『국가론』, 돋을새김
아리스토텔레스, 천병희 옮김, 『정치학』, 도서출판 숲
니콜로 마키아벨리, 강정인 · 김경희 옮김, 『군주론』, 까치
존 로크, 강정인 · 문지영 옮김, 『통치론』, 까치
장 자크 루소, 이재형 옮김, 『사회계약론』, 문예출판사
존 스튜어트 밀, 서병훈 옮김, 『자유론』, 책세상

존 롤스, 장동진 옮김, 『정치적 자유주의』, 동명사
마이클 샌들, 이창신 옮김, 『정의란 무엇인가』, 미디어서평
로버트 다알, 김왕식 · 장동진 · 정상화 · 이기호 옮김, 『민주주의(On Democracy)』, 동명사
로버트 다알, 조기제 옮김, 『민주주의와 비판자들』, 문학과지성사
버나드 마넹, 곽준혁 옮김, 『선거는 민주적인가』, 후마니타스

김선우, 『정치와 진리』, 책세상
문지영, 『자유』, 책세상
김비환, 『정의는 불온하다』, 개마고원
SBS, 『권력이란 무엇인가』, 새로운현재